中华民族人文修养经典故事丛书
中小学德育教育系列读本

信

言出践

XI
YANCHU JIANXING ZHI DAO

系列故事

编著　李彗生
改编　李忠荣

人民东方出版传媒
東方出版社

图书在版编目（CIP）数据

信——言出践行之道 / 李彗生 编著；李忠荣 改编．—北京：东方出版社，2019.9
（中华民族人文修养经典故事丛书）
ISBN 978-7-5207-1134-0

Ⅰ．①信…　Ⅱ．①李…　②李…　Ⅲ．①品德教育－中国－青少年读物
Ⅳ．①D432.62

中国版本图书馆 CIP 数据核字（2019）第 177483 号

信——言出践行之道
（XIN YANCHU JIANXING ZHI DAO）

编　　著：李彗生
改　　编：李忠荣
责任编辑：蒋建平　陈建华
出　　版：东方出版社
发　　行：人民东方出版传媒有限公司
地　　址：北京市朝阳区西坝河北里 51 号
邮　　编：100028
印　　刷：成都紫星印务有限公司
版　　次：2019 年 9 月第 1 版
印　　次：2019 年 9 月第 1 次印刷
开　　本：880 毫米 ×1230 毫米 1/32
印　　张：10
字　　数：187 千字
书　　号：ISBN 978-7-5207-1134-0
定　　价：39.00 元
发行电话：(010)85924663 85924644 85924641

“中华民族人文修养经典故事”丛书

前 言

在漫漫五千年的历史进程中，中华民族创造了灿烂的中华文化。中华文化为人类的发展做出了卓越的贡献。以儒学为代表的中华优秀传统文化，源远流长，博大精深，熏陶孕育了一代又一代中华儿女，铸造了中华民族特有的气质和品格，铸就了中华民族独特的心理构成、思维方式和文化传统，成为海内外中华儿女的精神家园，是中华民族共同拥有的灵魂的根。历史告诉我们，能否继承本民族的优秀文化传统，是一个民族能否走向繁荣的重要标志。一个具有“精神脊梁”的民族，才是充满希望的民族！

近百年来，由于社会变革的历史原因，中华优秀传统文化的传承和发展遭受到很大的挫折，当今中国，出现了信念危机！我国改革开放历经四十年，中华民族迈进了伟大的复兴时代。当理智面对国家的繁荣时，却发现传统文化、道德意识在我们中间有些失衡，这不能不引起我们的深思和反省。

大力加强对青少年进行民族优秀传统文化的教育，将传统道德与时代精神相结合，普及中华民族优秀传统文化方面的知识，使其精华得以传承并发扬光大，才是中华民族优秀传统文化长盛不衰的希望所在。今天的中小学生，他们中有不少人或只埋头功课、追求分数，期盼金榜题名；或热捧歌星、影星、球星，而对中华文化做出巨大贡献的孔子、孟子及历代圣贤和传统文化却知之甚少，更缺乏系统的学习。只有大力普及推广优秀传统文化，才能使中华民族的优秀文化在他们的心里扎下根，才能使他们更加热爱自己的民族，热爱自己的祖国，肩负起新时代建设强盛国家、强盛民族的历史重任！

编著者结合现代文化传播的时代特点，推出的 “中华民族人文修养经典丛书” 将以孔子为代表的儒学文化精华之忠、孝、诚、信、礼、义、仁、和、廉、恕、智、行等优秀传统经典故事，把孔子之所以成为万代师表的人生轨迹，用连环画形式表现出来，变“阳春白雪，和者盖寡”为深入浅出，通俗易懂。通过大众普及传播方式，让中华民族优秀传统文化在海内外中华儿女乃至全世界民众中广泛传播，中华民族优秀的传统文化就有了发展的空间、成长的沃土，中华民族优秀传统文化这棵参天大树就能根深叶茂！

编辑出版这些人文修养经典故事，意在弘扬中华民族的优秀传统，“子规夜半犹啼血，不信东风唤不回”。希望本书中的故事，能在中华民族文化的传承中，成为提升国民素质的催化剂，去激发中华民族昂然崛起的生命冲动！

“中华民族人文修养经典故事”丛书

李彗生

2019年5月

内容提要

“信”，就是信守诺言，忠实于自己所承担的义务。最早是人们对上天和祖先的诚实和依赖，“忠于民而信于天”，到了春秋时期，“信”更成为人们普遍遵循的道德规范。之所以将“信”作为儒学中的重要内容，是因为儒学创始人孔子、孟子对“信”有较大的发展。到了汉代，大儒董仲舒将“信”列为“五常”之中，成为古代人们必须遵循的道德规范。孔子认为，“信”是人不可缺少的道德修养，如果人不讲“信”，不具备“信”的品质，就无法在社会上立足。“人而无信，不知其可也。”他把“信”分为：一是信任，二是信用，“与朋友交，言而有信”。孟子则认为：“信”是交朋友最好的办法。“信”是上天赋予人的品德，是人们道德修养要达到的目标。孟子从道德角度出发，将人分为六等，认为“信”是从下往上的第二等，自己内心充满善的人就是“信人”。荀子认为“信”是取天下的前提条件。他总结春秋五霸成就霸业的经验，认为诸侯讲究忠信者，就会称霸天下。魏征认为，“信”是维系国家、家庭的纲常，是治理国家的“大道”。“然则德礼诚信，国之大纲，在于君臣父子，不可斯须而废也。上不信，则无以使下；下不信，则无以事上，信之为道大矣。”（《贞观政要·诚信》）

历代圣贤们把诚信视为任何一个人的立身之本，认为人如果没有信用是不能立身处世的。人生在世上，言而有信，说话要真实，不要说假话，说大话，不要吹牛；与人相交要开心见诚，守信用；要敬事而信，要据德敬业。诚信是人本质的内在要求，是人的良心之所在。言而有信，就能事业有成，因为有诚信就会有朋友的支持和帮助，人无信不立；能得到别人的信任，就能被任用，就能有施展才华的机会。所以说，没有诚信是不能立身处世的，不论是古代社会，还是现代社会都是如此。

我们推出的“中华民族人文修养经典故事”丛书——《信 言出践行之道》，个个故事独立成篇，图文并茂，简明扼要，紧紧围绕“信”这一道德范畴，自成一册，内容丰富，情节感人。诸如“富贵不悔贫时之誓”，讲述秦国宰相百里奚在富贵之时，仍信守“家无余钱，炊无剩米”时向糟糠之妻许下的山盟海誓；“言出守信曾子杀猪”，讲述曾子不因妻子哄逗自己孩子的一句信口之言而失其信，教导孩子诚实守信，无论是怎样许诺的，既许诺就要兑现……

目录

目录

信

言出践行之道

XIN YANCHU JIANXING ZHI DAO

富贵不悔贫时之誓

1 百里奚，亦称百里子或百里，字里，名奚。春秋时楚国宛（今河南南阳）人，秦穆公时贤臣，著名的政治家。百里奚不仅因在政治、军事方面的丰功伟绩被载入史册，而且他对妻子言而有信、富贵不相忘的感人故事也世代流传。

2 百里奚本是虞国人，家里特别贫穷，活到三十多岁了，一家老小还常常是吃了上顿没下顿，过着饥寒交迫的生活。

3 其实百里奚是很有才学的，他也很想到外面去闯荡寻求出路，只因为担心妻儿，所以才下不了离家外出的决心。百里奚的心事，他的妻子杜氏心里最清楚。这天，她看到百里奚唉声叹气的样子，就说："人常说'好男儿志在四方'，你正当壮年，这时不出去谋点大事，整天守着老婆孩子怎么能有出息呢？"

4 看到百里奚有话要说，杜氏又对他说："你不要担心，我凭着一双手能养活自己和孩子的，你就放心出去谋事做吧。"听了妻子的话，百里奚打定主意外出干一番事业。杜氏为了给百里奚送行，忍痛割爱，把家里唯一的一只老母鸡宰了。

5　虽然杜氏嘴上鼓励百里奚外出，但是看到他真的就要上路了，心里还是十分难过。

6　杜氏一手抱着孩子，一手拉着丈夫的衣襟，千言万语只汇成了一句话：“你在外边富贵了，可不要忘了我呀！”说着，泪水像断线的珠子夺眶而出。

7 此时百里奚也是百感交集，思绪万千。他紧紧地握住杜氏的手说：“不管到了哪里，我都不会忘记你；富贵不相忘，我永不生二心。”

8 百里奚在外多年，因生活无着，居无定所，过着颠沛流离的生活，曾经到过许多地方。在这期间，他曾经回过家乡去探望妻儿，不料杜氏因生活窘迫，外出逃荒，已不知流落何处。

9 后来，百里奚穷困潦倒东奔西走，只有在楚国给人家放牛混口饭吃，过着早出晚归的放牧生活。

10 秦穆公知道百里奚是个贤能的人，便以抓逃奴为名，送给楚王五张羊皮将百里奚交换到秦国。

11　到了秦国后，百里奚为秦穆公出谋划策，深得信任，于是被封为上卿，左庶长（丞相），授以国政，号称“五羖大夫”。这时的百里奚已经七十岁了，仍是独身。

12　当年杜氏带着儿子逃荒，辗转流离，最后也流落到秦国，靠帮人洗衣服过日子。

13 百里奚当了国相，他的名字如雷贯耳，很快就传遍了秦国都城的大街小巷，也传到了杜氏耳中。杜氏惊喜交集，思绪万千。国相的名字叫百里奚，他会不会是自己的丈夫呢？杜氏拿不准。于是，她就主动到相府做洗衣工，想找个机会认一认百里奚。

14 这天，百里奚设宴。堂上宾朋满座，欢声笑语，堂下乐工奏乐，曲声悦耳。大家互相祝福，把酒言欢。

15 杜氏寻找机会要认一认这左庶长百里奚是不是自己的丈夫。终于她看清了，是他，就是他！虽然一别近四十年，容颜已改，今非昔比，气派迥异，但杜氏还是一眼就认出来了。

16 杜氏见到自己日夜思念的丈夫，顿时心潮澎湃。她真想冲上前去，但还是收住了脚步。

17 他现在是一人之下万人之上的丞相，想要什么就有什么，虽然当年说过“富贵不相忘，永不生二心”，但那是在家无余钱，炊无剩米，灶下连柴火都没有的时候说的。

18 光阴已过四十年了，现在自己又是这副衰老的模样，怎么知道他当年说的话如今还算不算数呢……百里奚正在与客人应酬，忽然听到室外传来一个女人的歌声。

19 他仔细一听，歌声幽怨，如诉如泣：“百里奚，五羊皮，忆当年，别离时，烧着门闩炖母鸡。忆昔日，你离家时我哭泣；看今时，你坐高堂我洗衣。富贵不二心，永远不忘记，当年别家语，如今可还是……”

20 听到这歌声，如烟的往事立刻浮现在百里奚的眼前，他撇下客人急忙往堂下跑去，跌跌撞撞，险些摔倒。

21 百里奚冲到室外一看，唱歌的正是自己的妻子。“可还是‘富贵不相忘’？可还是‘富贵无二心’？”杜氏哭泣着问。

22“说不忘就不忘，说不二心就不二心！这些年我只是不知你们母子俩身在何处啊！”百里奚说。于是，百里奚把杜氏母子接到了宰相府，从此全家团圆。

信

言出践行之道

XIN YANCHU JIANXING ZHI DAO

言出守信曾子杀猪

1 曾子（曾参）是孔子的学生，他为人非常守“信”，不但对大人，就连对自己的孩子也讲信用。

2 有一次，曾子的妻子要出门，在屋里整理自己的头发、衣服。他们的小儿子凭经验就知道娘将要出远门，而且可能还是去一个非常热闹有趣的地方。

3“娘啊，你要到哪儿去呀？”小儿子一边睁大了眼睛问，一边紧紧地拉住娘的裙子，生怕她走了。

4 做母亲的听儿子这么一问，就知道他想要跟着去，就说：“小孩子家问这个干吗？到外面玩去吧！看你爹在做啥？”

5“娘到哪里去，快告诉我嘛！”小儿子偏要问。“哎呀，”母亲有些不耐烦，“上哪儿去，嗯……我到别人家去问点事儿。”“那家有小孩吗？”“没有，他们家全是大人。”

6 听母亲说那家全是大人没有小孩，小儿子便不想跟着去了，心想，在那儿干坐着听大人们说话太难受了，便松开了拉着母亲裙子的手。

7 正在这时，曾子推门进屋。儿子马上报告：“爹，俺娘要去别人家，我不去。”曾子一听就知道了其中的奥妙，他笑着对儿子说：“你娘逗你玩呢，她要去集市买东西。”“是吗？到集市去？我也去！”儿子乐得一蹦老高。

8 听到曾子对儿子说的话，妻子向他使了一个眼色，干咳了一声。曾子认真地对妻子说：“对孩子不能说谎话。”“对小孩子家说话，有什么谎话不谎话的。”妻子很不以为然。

9 曾子的妻子回头又对孩子说：“你别去了，就在家玩。”她一边说，一边提起篮子就走，儿子紧跟着也出了屋。

10 待母亲走到院子当中的时候，就看见儿子已经站在了院子门口，扮着鬼脸，一副淘气的样子，还在等她呢。

11“快回去，我不带你去。”母亲要出门，态度坚决地对儿子说。“我要去！”儿子说着，突然哇哇大哭起来。

12 母亲没法说服儿子，想了想便拍着儿子的脑袋说：“好儿子，你要听话，等我回来就杀猪给你吃。听见没有？杀猪吃肉！”

13 这些话，孩子听见了，孩子的父亲也听见了。孩子止住了哭叫，歪着脑袋一琢磨，觉得吃猪肉要比去集市强多了，就破涕为笑了。曾子先皱了皱眉，接着又轻轻地摇了摇头。

14 等曾子的妻子从集市回来的时候，一到院门口就听见院里传出“霍霍”的声音，像是有人在磨刀。

15 她赶忙走进院子，果然看到曾子蹲在地上磨杀猪刀，儿子乐呵呵地站在旁边看。

16“你磨刀干什么？”曾子的妻子问。“噢，磨刀杀猪啊。”曾子一边说，一边用手指试试刀锋。“谁家要杀猪啊？”“当然是我们家。”

17 看曾子那副严肃的样子不像在说笑话，她赶忙走到猪栏那边一看，家里那头猪已被绑着四蹄躺在那里。

18“真要杀猪啊，”她好生奇怪，“既不过年又不过节，咋想起杀猪来了？”曾子说：“就是你说的要杀猪啊。”

19 儿子一听便手舞足蹈地喊起来："是娘说的。""我什么时候说的？"曾子说："出门的时候，你说回来就杀猪吃。"儿子也补充说："是娘对我说的。"

20 她忽然想起来了，笑着说："我就顺口说那么一句哄孩子的话，你怎么就当真了？"曾子先让孩子走开，然后小声地对妻子说："不能同孩子说假话。"

21 “小孩子什么都不懂呢，他们成天在学大人说话，模仿大人做事。若是向孩子说谎，那不就是在教他说谎吗？等孩子长大后也会向别人说谎的啊。”

22 妻子如梦初醒，点头赞同丈夫的观点，于是夫妻两人毫不吝惜地把猪杀了。

23 当炖得香喷喷的猪肉端上桌，曾子对喜笑颜开的儿子说：“大人说给你杀猪吃就给你杀猪吃。”

24 曾子的妻子说“回来就给你杀猪吃”本来是哄骗孩子的信口之言，这一点曾子并非不明白，但他却当真把猪杀了。因为他深知：不论是在什么情况下许诺的，既许诺就要兑现。曾子真守信啊！

信

言出践行之道

XIN YANCHU JIANXING ZHI DAO

生者守约死者守信

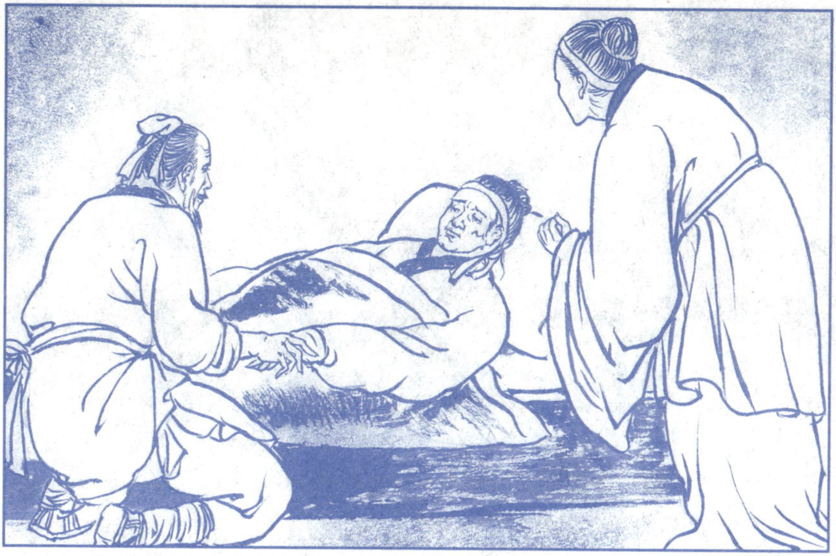

1 春秋时期，在楚国的一个小村庄，有一个名叫钟子期的青年樵夫身患疾病，生命垂危，年迈的父亲无可奈何地守在病榻旁。

2 钟子期握着父亲的手，悲伤地说："儿子不能对父母尽忠尽孝了。儿死后只求父母将儿埋在马山的江边。"

3“儿啊，为什么一定要在那里？那儿离家有二十多里路呀！”母亲流着泪问。“为了守信守约。”钟子期声音微弱地回答。

4“父母知道，我去年中秋在那里遇到伯牙兄，临别时约定今年中秋伯牙兄要来咱家，我说到时候要去江边接他，如今不能活着去接，死了也要到江边履行约定。”

5 父亲握着儿子的手，老泪纵横地说：“我儿啊，伯牙乃是晋国上大夫，去年是因公事路过，今年恐怕是不能前来的，更何况晋阳城到这里是几千里路程呀。”

6 钟子期说的是去年中秋的事。晋国上大夫俞伯牙奉晋主之命出使楚国，回晋时走水路，八月十五之夜船行到汉阳江口，就停泊在岸边。

7 俞伯牙在船上尽情弹琴时，发现有人在偷偷欣赏，于是把这人请到船上。这人就是樵夫钟子期。交谈中，俞伯牙发现钟子期对他那珍贵的古瑶琴的来历与琴理十分精通，在欣赏弹奏的方面也十分内行。

8 当俞伯牙想着高山而弹奏，钟子期就听出“巍巍乎志在高山”；当他想着江河而弹奏，钟子期就感叹“汤汤乎志在流水”。

9 俞伯牙异常激动，对钟子期说：“这个世界上只有你才懂得我的心声，真是我的知音啊！”于是两个人结拜为生死之交。

10 俞伯牙邀钟子期过些天到晋阳去，钟子期说：“如果答应了贤兄，我就必须履行诺言，万一父母不允许我去，我岂不成了言而无信？我不敢随随便便答应了再失信。”俞伯牙非常感慨，约定明年来看望钟子期。

11 钟子期问："仁兄明年什么时候到？"俞伯牙说："昨夜是十五，现在天亮是十六，来年八月十五或八月十六一定来到。爽约失信，我就不是君子。"钟子期说："既然如此，来年的八月十五、十六我就在这江边接你！"

12 转眼就到了次年。俞伯牙算好日子，提前就向晋主告假，晋主却怀疑俞伯牙想要另投别国，就迟迟没有答应。

13　俞伯牙想着去年的约定，再算算日子，心想：宁可丢官也绝不能爽约失信。于是不等晋主同意，便私下收拾好行装启程了。

14　一路行来，陆路走完走水路，正好在八月十五日夜里，船夫报告离汉阳江口不远了。俞伯牙依稀认得这里就是去年遇见钟子期的地方。

15 俞伯牙此时心情万分激动，他站在船头，四处张望，可是，哪有钟子期的身影。

16“去年是弹琴相遇，大约子期贤弟是在等我的琴声吧？”俞伯牙这样想着，就坐在船头弹奏起来。可是从月在中天弹到东方泛白，钟子期并没有前来迎接。

17 随行人员中有人知道俞伯牙到这里来的目的，就说：“大人，一年前的约定，谁还能记得？只有大人能够不远千里赶来赴约，还一天都不晚。”

18“我了解他，一定是家中有事不能脱身，我们去他家看看吧。”俞伯牙说着就站起身。

19 走出十余里，俞伯牙迎面遇到一位龙钟老者，上前施礼问路，恰巧他就是钟子期的父亲。俞伯牙向老人说明了来意。

20 老人流着眼泪向俞伯牙叙说了钟子期临终时的请求，最后说：“你来的路上，离江边不远的新坟，那就是他，他在那里接你啊！”俞伯牙闻言，大叫一声昏倒在地。

21 醒过来后，俞伯牙踉踉跄跄地跟着钟父来到新坟之前，不禁放声痛哭。他将瑶琴取出，盘膝坐在坟前挥泪抚琴，伤心的泪水流下来，就像泉涌一样伴着凄切婉转的琴声。

22 一曲弹毕，俞伯牙举起瑶琴往坟前的祭台用力摔去，珍贵的瑶琴被摔得粉碎。

23 他悲伤地说："我唯一的知音已不在人世了，这琴还弹给谁听呢？"

24 高山流水，知音难觅。正因为如此，钟子期才会临终不忘自己的许诺，死后也要守约，而俞伯牙也宁可丢官都要履行与朋友的约定；也正因如此，他们的感人故事才会流传至今并为人们称颂。

信

言出践行之道

XIN YANCHU JIANXING ZHI DAO

宁舍头颅定记弑君

1 在我国的春秋时期，齐国国王齐庄公死了。齐国的大殿上，自立为右相的崔杼把年幼的齐景公安放到宝座上，让文武百官宣誓：“有谁不与相国同心者，杀无赦。”

2 崔杼知道，专门记史的官员太史是一定会把齐庄公之死记入史册的，于是就将太史伯招上前问：“庄公死了，史上要记载吗？”太史伯手执竹简说：“记史是我的责任。”

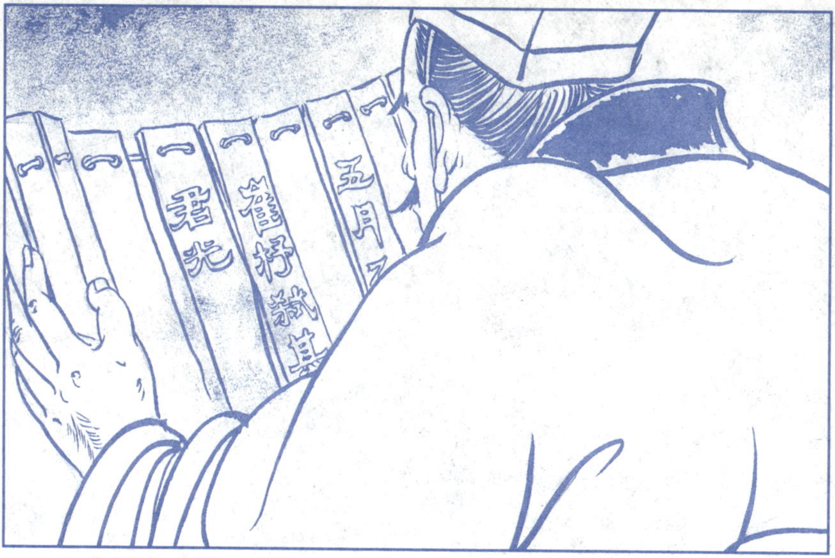

3 崔杼命令说：“好吧，你就记庄公得疟疾死了。”转念一想，又说：“现在就记，记完我看。”过了一会儿，太史伯将竹简交给崔杼，崔杼一看竹简，脸倏地涨得通红，只见上面记着：夏五月乙亥崔杼弑其君光（齐庄公名光）。

4 崔杼咬牙切齿地问：“我……我是怎么给你说的？”太史伯平静地回答说：“我不记得你是怎么说的，我只记得庄公是怎么死的。”

5 崔杼气急败坏，厉声喝令道：“来人！拉出去砍了！”一会儿，一颗血淋淋的头颅被送了上来。

6 这是怎么回事呢？原来齐庄公荒淫无耻，常到上卿崔杼府上饮酒作乐，一来二去竟与崔杼美貌的妻子棠姜勾搭上了。这年莒国国君到齐国朝拜，齐庄公就在崔杼府附近设宴招待。

7 齐庄公打的如意算盘是：让崔杼到宴席上作陪，自己就好跑到崔杼家去同棠姜淫乱。崔杼看清了齐庄公心怀不轨，便将计就计，派人向齐庄公报告说自己病得不省人事。

8 齐庄公听后心花怒放，撇下莒国国君，赶到崔府。结果齐庄公刚到崔府，崔杼一声号令，齐庄公就被预先埋伏的众武士乱刀砍死。现在崔杼不愿留下弑君的名声，就杀了太史伯。

9 太史伯兄弟四人都是史官，按古人对兄弟排行的称呼，他的弟弟分别称为仲、叔、季。太史伯死了，仲从史馆被招来。崔杼问仲：“怎么记你总该明白了吧？”仲说：“我早就明白该怎么记了。”

10 不一会儿，竹简递到崔杼手上。崔杼只看了一眼，就惊叫一声，原来竹简上明明白白地记着“夏五月乙亥崔杼弑其君光”。于是太史仲也被杀了。

11　太史叔从史馆被招来后，他仍一字不改地写上：“夏五月乙亥崔杼弑其君光”，写完后一言不发，也被崔杼叫武士推出去杀了。

12　太史季目不斜视地持竹简走上殿来，不等崔杼说话就把竹简递给他，什么也不说，双手往身后一背，做出等待杀头的样子。

13 崔杼接过竹简，不用看就知道季是怎样记的，他拿着竹简对季说：“你们兄弟四人，你的三个哥哥都死了……只要你修改一下，我可以免你一死。”

14 季说：“如实记载史实，留下真实无欺的信史是史官的天职。说谎言，记伪史，欺后世，这样还不如去死！”“你、你……”崔杼结巴了。“即使我不如实记载，天下一定有如实记载之人。我并不是愿意死，只是更怕人耻笑我不诚实。”

15　崔杼自知理亏，一下子张口结舌，脸红了，半天才说：“我是怕齐国江山葬送在昏君手上，才不得不采取措施，唉……就这样记吧。”说着便把竹简向季扔过来，竹简掉在了地上。

16　季捡起竹简用袍袖拂一拂，昂首下殿去了。一出殿就看见史馆的南史氏迎面走来，手中也拿着竹简。季问：“你急匆匆地去哪里？”南史氏说：“听说你兄弟都死了，我就赶来接替你记‘崔杼弑君’啊。”可见为记一件史实，要求真务实很不容易，有时甚至要付出生命的代价。

信

言出践行之道

XIN YANCHU JIANXING ZHI DAO

言出必行何顾父子

1 战国初期，魏国要讨伐中山国，拜谁为领兵大将军呢？有人向魏文侯推荐了乐羊。

2 乐羊年轻时，有一天走路时捡到一些钱，妻子劝他说：“来路不明的钱不能要。”于是，他就把钱放回原来捡到钱的地方。

3 乐羊做的这件诚实的事很多人都清楚，大家对他的高尚品德和诚实为人交口称誉。后来传到宫廷，就连魏文侯也知道了。

4 魏文侯认为可以拜乐羊为大将。可是有人提出反对意见说：“乐羊的儿子乐舒现在就在中山国做官，怎么能放心让乐羊带兵讨伐中山国呢？”

5 魏文侯觉得有道理，就找乐羊面谈。“我想派你带兵讨伐中山国，只是你的儿子现在还在中山国任官，这事……”乐羊沉思了一会儿说：“大丈夫要想建功立业，怎能因为父子私情影响国家大事？我愿意带兵出征！”

6 魏文侯听到后还是不放心，便问乐羊：“你没有立刻做出决定，是不是有什么难处啊？”乐羊回答说：“臣如果表示了决心，就要保证一定做到。我是仔细考虑了可能遇到的情况才下定决心的，绝不会顾惜父子私情！”

7 魏文侯说："很好，我信任你！"于是就拜乐羊为大将军，派西门豹为先锋官，率五万大军讨伐中山国。

8 乐羊率兵攻下楸山，打破白羊关，直逼中山国都城，将都城围困得水泄不通。

9 中山国国君首先打出乐舒这张牌。乐舒站在城头上，想要向乐羊喊话，乐羊没等乐舒开口便指着他一顿痛骂，最后警告说：“赶快让你那无道昏君立刻投降，这样我们还可以相见。”

10 乐舒哭泣地说：“只求父亲宽限一段时间，容我们君臣好好商议一下。”乐羊答应给中山国一个月的时间。

11 中山国国君姬窟，一看这招灵，高兴得手舞足蹈，得意忘形。他认为乐羊疼爱儿子，骨肉情深，不会贸然攻城，竟又放心大胆地花天酒地了。

12 一个月的期限转眼间就过去了，姬窟又让乐舒去求他父亲再宽限一个月，乐羊又同意了，就这样一共宽限了三次。

13 两个多月不攻城，并且都是因为儿子出面求的情。乐羊当初说的话还算数吗？魏国宫廷里的议论可就多了。什么“父子情深，当初说的大话根本就不能信”，这样的议论最多。

14 不仅后方宫廷里这样议论，就连中山城下的先锋官西门豹对这样一再地宽限也很不满。

15 乐羊对西门豹说："我三次给他们宽限投降的时间，是为了暴露他们的失信，收服当地的民心，并不是因为乐舒这个逆子在城上喊'父亲大人'啊！"

16 最后的期限到了，乐羊下令开始攻城。姬窟又把乐舒搬出来了，这回不是让乐舒喊话，而是在城头上立一高杆，将他绑在高杆的顶端。

17 有个五大三粗的人举刀指着乐舒朝城下喊话：“乐羊将军，你再不停止攻城，我们就杀了你的儿子！”杆顶的乐舒则扯着嗓子呼喊：“父亲救命！”

18 乐羊朝乐舒厉声喝道：“你助纣为虐，说降不降，还想以你我的父子亲情来救你国昏君的命吗？”一边说一边弯弓搭箭，指向乐舒就要射箭。

19 姬窟忙叫人把乐舒拉下城去。一招不成再生一招，这次还是在父子亲情上做文章。姬窟让人把乐舒杀死，将他的肉做成肉羹，连同血淋淋的人头一起送给乐羊。

20 姬窟的险恶用心是刺激乐羊，使乐羊神魂迷乱没办法攻城。乐羊指着儿子肉做的肉羹痛骂中山国君一顿，神魂却并不迷乱，指挥士兵一举攻下了中山城。

21 乐羊班师回朝，魏文侯赏他两个密封好的大箱子。乐羊以为是珠宝金玉之类的东西，带回家中打开一看才知道，箱中装的全是朝中大臣指责他顾念父子私情不攻中山都城，要求查办他的奏章。

22 第二天上朝的时候，魏文侯对乐羊说："讨伐中山，将军果然不顾父子私情，说到做到，为魏立了大功。"乐羊说："如果不是大王对我如此信任，我怎能成功？"

信

言出践行之道

XIN YANCHU JIANXING ZHI DAO

军无戏言斩杀王姬

1 春秋时期，吴王阖庐（即阖庐）要讨伐楚国，因缺少大将，有人就向他推荐了孙武。吴王阖闾召见孙武，听孙武讲解了他所著的《兵法》十三篇后很赞赏，还想看看他的实际带兵能力，就提出搞一次军事演练。

2 阖闾问孙武：“你这套练兵方法能不能适用于女子啊？”孙武回答说：“可以。”于是，吴王从后宫挑出一百八十名美人，让孙武操练。

3 孙武说："军旅之事首先必须严明号令，令行禁止。违反军令就要按军法处治。"阖闾点头表示赞同。孙武还说："有令不行，那军令不就成了空话吗？"

4 孙武把参加演练的宫女编为两队，要设两名队长。阖闾来兴趣了，让他最宠爱的右姬和左姬分任队长。

5 第二天，一百八十名宫女都到校场集合，一个个身披甲，头戴盔，左手举盾，右手持刀。

6 孙武指挥她们站好队形。右姬、左姬顶盔束甲、英姿飒爽地站在指定的位置，手里都举着一面做前导用的黄旗。众人坐下等候操练。

7 操练之前，孙武首先宣示军法：一不许混乱队伍，二不许言语喧哗，三不许故意不听指挥。并且还特别强调说明，无论谁违反了规定都要按军法处置。

8 接着孙武又发布号令：听到第一通鼓声，两队一齐站起来；第二通鼓声，右队向左转，左队向右转；第三通鼓声，全体举起刀剑做出征战的姿势；听到锣声则要排队退回。

9 即使孙武讲得一本正经，宫女们却都捂着嘴偷偷地笑个不停，有的撇嘴，有的互相使眼色逗乐，都是一副满不在乎的样子。

10 第一通鼓声响起来了，宫女有的款款地站起来，有的坐着没动，整个队伍，显得参差不齐。

11 孙武站在队列前面说：“军令可能没说明白，这是将的过错。”于是他让军吏把一鼓二鼓三鼓的要求又宣示了一遍。

12 鼓声又响起来了，这次宫女们虽然都站起来了，但有的快有的慢，有的还互相搀扶，站起来之后，不是你捅我一下，就是我拉你一把，嘻嘻哈哈的，完全没有严肃对待。

13 孙武耐着性子，再把号令说了一遍。然后他挽起袖子，亲自擂鼓。

14 看到孙武的样子，右姬、左姬及众宫女把已经交待清楚的军令全忘了，都哈哈大笑起来，边笑边叫，有的笑得捂着肚子蹲下站不起来，有的笑得几个人抱在一起，有的拍手击掌吆喝……

15 孙武大喝一声："听着！"笑声止住了。"部署已经清楚，解释也很明白，再不听从指挥就是你们的过错了。"众宫女还想笑。

16"执法官！"孙武大喊一声。"在！"执法官赶忙上前。"按军法，不听从指挥，队长当作何处置？"执法官知道队长是谁，说话都有些吞吞吐吐："按军法，那是应当斩首。"

17 只见孙武脸色铁青，目光炯炯，大手一挥，喝令：“来人，将右左队长就地斩首示众！”

18 阖闾正在台上看孙武操演队伍，看到这儿急忙派人持着节杖赶到孙武面前。

19 来人对孙武说：“大王说‘我已经知道你用兵的能力了。这两个人是我最心爱的宠姬，没有她们陪伴，我吃饭都没味，请宽恕她们吧。’请将军赶快收回命令吧。”

20 孙武回答说：“请你转告大王，军法非虚设，军中无戏言。不执行军令怎么治军？” 转身又对部下喝令：“速斩两队长！”于是就在军前将右姬、左姬斩了。

21 孙武又另选了两个人做队长，这回再击鼓传令，众宫女向左向右，前进后退，会合分开，穿插回转，动作整齐一致，同设计的阵法是丝毫不差，整个队伍中只听得见脚步声。

22 孙武派人向吴王报告：“请大王检阅。”阖闾苦笑：“行了，我知道‘军中无戏言’的威力了。”后来，阖闾正式拜孙武为上将军，号为军师，负责伐楚之事。守信是指说出的话必须兑现，在治军上就体现为“令必行”。

信

言出践行之道

XIN YANCHU JIANXING ZHI DAO

宁做人质不背诺言

1 战国时期秦昭王四十一年（前 266 年），秦国要进攻魏国，魏王派人到秦国求和。

2 秦国丞相范睢提出："速斩魏齐（魏的相国），将人头送来，秦就许和，不然就要攻破魏国都城大梁，屠杀城中的居民。"

3 魏齐得知信息后，当夜就弃了相印逃亡到赵国，投靠到战国时“四君子”之一的平原君赵胜的门下，寻求避难，请求人身保护。

4 平原君爽快地收留了魏齐，并对他说：“先生来投奔赵胜，这是对我的信任，无论如何我都要保护你的安全，绝不会出卖你。”

5 魏王赶忙派人带了丰厚的礼品去秦国见范雎，说明魏齐听到风声后逃跑了，现在就在赵国平原君的府上，这可就同魏国没有任何关系了。

6 范雎本来是魏国人，因为他同魏齐有刻骨仇恨，不得到魏齐的脑袋是绝不会罢休的。

7 听说魏齐已经逃到了赵国，秦王立刻派大军讨伐赵国。

8 秦军占领了赵国一些地方后，秦国就派使者到邯郸找到平原君。

9 对于秦国派来的使者，平原君神色镇定，在府上设宴款待，以礼相待。

10 酒足饭饱之后，秦国的使者便开门见山地说：“这次秦国讨伐赵国，没有别的目的，就是为了得到魏齐的脑袋！你若是把魏齐交给秦国，我们就立刻退兵。”

11　平原君装糊涂："要捉拿魏齐，你们应当到魏国去找啊，怎么跑到赵国来找魏国的国相呢？"

12　秦国使者冷笑着说："先生休要开玩笑，我们丞相本来是要出兵伐魏的，就是听说魏齐逃到你的府上来了，我们才把伐魏改成伐赵。难道先生不明白吗？"

13　平原君问："是谁说魏齐在我这里？"秦使气势汹汹，盛气凌人地说："这难道还有假？"平原君慎重地说："希望你们不要误听别人的谣言，魏齐并没有在我这里。"

14　为了弄清楚魏齐是否在平原君的府上，秦国的使者前后三次到平原君府上调查，平原君始终不承认魏齐在他这里。

15 这时秦国得到信息，齐国要发兵援助赵国，面对齐、赵联军，秦国实在没有胜利的把握，于是秦王就使用了一个计策。

16 秦王先给赵王写信：因为误听了别人的传言，以为魏齐在赵国才向赵国发兵，现在才知道魏齐没在赵国，所以决定退兵。于是，秦国说退就退，大军一直退过了函谷关。

17 这时秦王又给平原君写了一封信，说愿意同平原君结交为朋友，邀请他到函谷关“为十日之饮”。

18 赵王为了避免战争给国家和人民带来灾难，维护长治久安的社会局面，也希望同秦国搞好关系，就让平原君去了函谷关。

19 平原君到了函谷关，受到秦王的亲切接见，开始几天，平原君在生活起居方面都受到盛情款待，服务也十分周到。

20 终于，几天后，秦王在宴会上摊牌了："我们知道魏齐就躲在先生府上，请先生派人回去把他的头取来，那样我是非常感谢你的。"

21 平原君说："魏齐是我的朋友，即使他真的在我家里，我也不能把他献出来；何况他根本就没在我那里。"

22 秦王听后脸色大变："哼！先生不把魏齐交出来的话，我是不会放先生你出函谷关的！"

23 交出魏齐就能回赵国，不交出魏齐自己就将被扣押在秦国性命难保。平原君想到魏齐投奔自己时，自己说过绝不出卖他并且要保护他的安全，如今怎能遇到危险就自食其言呢？就说："你愿意怎么办就怎么办吧，天下人自有公论。"

24 于是，秦王就把平原君带回了秦国的都城，将他软禁在馆舍之中。

25 秦王从平原君手中得不到魏齐，又给赵王写信道："平原君在秦，魏齐在赵。如果把魏齐的人头早晨送到秦国，那么平原君晚上就能回到赵国。不然我就举兵伐赵，平原君也别想走出函谷关。"

26 赵王接到秦王的信后，立刻派兵包围了平原君府第，四处增设警戒，组织搜查，抓捕魏齐。魏齐闻讯后立即逃离平原君府，仓皇失措地逃回魏国后，在走投无路的情况下自刎了。

27 魏齐的项上人头是魏国送给赵国，再由赵国送到秦国的。最后秦王才让平原君回到赵国。

28 平原君不自食保护朋友之言，在自己面临生命危险时都没出卖魏齐，确是言而有信。但平原君不顾国家的利益，这样守信实不可取。至于他向秦王说假话，不能指责他不诚实，敌国之间怎能讲“诚信”！

信

言出践行之道

XIN YANCHU JIANXING ZHI DAO

商鞅变法扛木示信

1 两千三百多年前的一天早晨，秦国首都雍城的南大门前，聚集了众多看热闹的人。他们交头接耳，议论纷纷，议论的话题是悬挂在那里的告示。

2 靠近城南大门的地方，竖立着一根木杆，看上去有三丈长左右，告示就悬挂在旁边，只见上面写着：无论何人将木杆扛到北门，赏赐十金。

3“这不就是一根普通木头吗？也没有什么特殊啊！”“哼，扛着它走十个来回也不会喘粗气！”“这葫芦里到底卖的是什么药呢？”人群中一片嘈杂。

4 守着木杆的小吏见无人上前，就指着告示朝人群大声喊道：“十金，十金！这是新上任的左庶长（丞相）下的命令！谁愿意扛啊？”

5 这时终于有人忍不住问：“长官，搬它到北门做什么呀？”守吏笑着说：“嘿，我也不知道。”众人听后都说：“扛根木杆就赏十金？这根本不可能，恐怕是拿我们寻开心吧……”

6“说了不算我们又能怎样？这年头说话不算数的事，哼，我们见得还少吗？”“你就试一试又何妨呢？顶多就是累点嘛……”“我？我才不试呢。他说话‘不算数’，还嘲笑我，我就背上一个大傻瓜的名声，那又何苦呢？”

7 人们正议论时，只见城里的大道上，从北面有一匹快马飞奔而来，到了南门之后，骑马的人纵身跃下马，挤过人群来到守木杆的小吏身边，附耳说了一阵话。

8 守木杆的小吏朝人群喊道：“大家听清楚了，左庶长大人有令，扛木杆到北门，不给十金了……”没等他把话说完，人群中嘘声大起：“怎么样？说了不算吧？”“多亏没跟着瞎起哄！”人们吵吵嚷嚷着就要散去。

9 只听守杆吏大声喊道："我还没说完呢，不是给十金了，增加到五十金！谁把木杆扛到北门，赏五十金！"顿时，人们的目光一下子都汇聚到守杆吏身上，现场鸦雀无声，百姓们个个满脸狐疑。守杆吏再次大声喊道："五十金啊！"

10 这时听到有人大喊一声："好，我来试一试！"大家的目光一下子又汇聚到这个人身上，只见一个年轻人来到守杆吏身边说："我试一试这新左庶长说话到底算不算数，得不到钱也没关系。"年轻人就把木杆扛到肩上朝北门走去。

11 南门告示的事已传得沸沸扬扬，满城皆知。许多人正要赶往南门，见已经有人扛着木杆往北走，也跟在后面凑热闹。看热闹的人群把街道挤得满满的。

12 不久就走到了北门，年轻人将木杆竖立在官吏指定的地方，他抬头一看，只见高处站着一位长官模样的人正含笑向他招手致意。

13 官吏领着年轻人走上前去，向年轻人介绍说："这位就是左庶长！"人们互相传告，人群像潮水般涌上前来，整个现场一片寂静，大家屏着气在耐心地等待，要看看这个年轻人能不能得到五十金。

14 左庶长大声对那年轻人说："你是很好的百姓啊，能按照我的命令办事，来人，颁赏五十金！"人群中立刻爆发出喝彩声和议论声。

15 听到左庶长的吩咐，随从立刻将五十金赏赐端到年轻人面前。年轻人做梦都没料到，扛一根百十来斤的木杆，从南门往北门这么走一趟，真的就能得五十金，竟不敢伸手去接。

16“快接过去吧！”左庶长的声音更大了，“我说话就算话，说赏五十金就是五十金，一分一厘都不能少，绝不失信于民！”消息很快就在秦国都城传开了：左庶长说话真算话！这位左庶长就是中国历史上著名的政治家商鞅。

信

言出践行之道

XIN YANCHU JIANXING ZHI DAO

知恩图报一饭千金

1 汉朝建立不久，因战功卓著，韩信被汉高祖刘邦封为楚王。韩信一到封地，就立即派人去寻找一位曾经在淮河边漂洗丝绵的老大娘，并且另外派人去传唤南昌亭亭长。韩信要做什么？这就要从“想当年”说起。

2 秦朝末年，在淮阴县的大街上，经常能见到一个身穿长衫、腰佩长剑的青年，他就是韩信。当时他穷困潦倒，四处寄食，形同乞丐。

3 秦朝时，每十里路上设一亭，专供旅客食宿。淮阴县乡下有一个南昌亭，走投无路的韩信就在南昌亭亭长的家里混饭吃。

4 开始几顿饭还好混，可是混吃了几个月白米干饭以后，就把亭长的老婆吃烦了，她整天板着脸不说话，想方设法地赶韩信。

5 这天，别人家都还在梦中，亭长老婆就起床做饭；其他人家的烟囱还没冒烟，她一家人已经吃完了早饭。

6 韩信按正常的开饭时间去吃饭，亭长老婆发话了："韩大公子如果还没吃饭的话，就请到别处去吃吧……"韩信连羞带恼转身就走，并对她说："我不会白吃你们做的饭，迟早会付给你们饭钱！"从此再也没有来过这里。

7 有一天，韩信没有找到饭吃，饿得发慌，就只好咽着唾沫到城外淮河边去钓鱼。

8 有一些老大娘正在淮河边漂洗丝绵，看看日近中午，老大娘们便停下活计，开始吃午饭。

9 韩信一看到别人在吃饭，只觉得腹中翻江倒海，他不断地咽着唾沫，眼睛不时地往吃饭的那些老大娘们那边望上几眼。他想站起来，一起身却觉得头晕眼花站立不稳，差点跌到河中。

10 一位吃饭的大娘放下碗筷，急忙赶过来关切地问：“这位公子，你是不是有病？”韩信有气无力地说：“我没有什么病，只是腹中无食。实不相瞒，我、我从昨天中午到现在，已经粒米没沾牙了……”

11 大娘听后和蔼地说："嗯，一看你的脸色就知道是饿的，我的饭还没动几口，若不嫌弃就送给你吃吧。"

12 素不相识，韩信本想推辞，但饥肠辘辘又让他说不出推辞的话。大娘将饭篮提来，韩信顾不上别的，立刻狼吞虎咽，只有片刻工夫就像风卷残云，把饭吃得一干二净。

13 大娘心疼地问他："咳，你年纪轻轻的，怎么饿成这个样子？"韩信就向老大娘述说了自己的情况。大娘沉思片刻后又说："这么说，你明天吃饭还是个难事，这样吧，明天你还是到这里来……"

14 第二天，韩信又来到河边。就这样，那个大娘在河边洗了几十天丝绵，韩信也就吃了几十天饱饭。

15　韩信要离开大娘了。那天吃完饭后，韩信对大娘说：“这些日子的事我永远不能忘记，将来一定要厚厚报答您老人家！”大娘一听就乐了：“我是可怜你才给你饭吃的，谁要你报答呀……”

16　当时各路反秦义军风起云涌，韩信先投靠项羽，再投刘邦。他出生入死帮助刘邦夺得天下后，刘邦先封他为齐王，后又封他为楚王。

17 楚王封地的都城就离韩信当年挨饿的地方不远，韩信一到这里，立刻寻找洗丝绵的大娘，传唤南昌亭亭长。

18 老大娘不知道自己同堂堂的楚王有什么瓜葛，怎么也猜不出新来的楚王找自己干什么，她满腹狐疑地跟着人来到楚王府。

19 一见到韩信，大娘就认出来了。啊！原来楚王就是多年前那个吃不上饭的年轻人，只是今日的楚王神采奕奕，与往日神情颓丧的他判若两人。

20 韩信先对大娘表示衷心的感激之情，接着就宣布赏赐大娘千金。老大娘一辈子也没有见过这么多钱，连忙说：“当年帮助公子，我可不是希图报酬。”

21 韩信说："我当初说过一定要报答您老人家，自己说过的话怎么能忘记，怎么能说话不算数？"大娘回答说："只是那点吃食也不值千金。"

22 韩信解释说："当年我说的是厚报，并不是说偿还饭钱。当年救命的饭食，现在怎么能计算出值多少钱呢？"接着他就派人将千金送到大娘家中。

23 南昌亭亭长知道传唤自己的楚王就是当年被自己老婆赶走的韩信，一见面赶忙跪求宽恕。

24 韩信问：“你可认得本王？”亭长不敢仰视。韩信指着亭长说：“你是个小人，做好事不彻底。当年我说过迟早还你们饭钱，今天就给你一百钱！”哗啦一声，将钱扔到了地上。

信

言出践行之道

XIN YANCHU JIANXING ZHI DAO

谁都不晓开墓现珠

1 唐代朝廷兵部有一位员外郎，名字叫李约。有一次，李约坐船外出，傍晚船就停泊在江边。

2 在李约停泊的船只旁边，还停泊着一只大船，两只船一溜儿排开，距离很近。

3 李约在船舱中，隐约听到水手在同什么人说话，他们在交谈中提到自己的名字，于是李约就出舱，走上船头。

4 只听水手向一个人介绍说：“这位就是李大人。”“拜见李大人。”那人恭恭敬敬地行了礼后，才指着旁边的大船说：“我们主人恳请李大人过船相见。”

5 素昧平生，他邀请我会有什么事呢？李约一边想一边跟着来人上了大船，船上的人赶紧把李约请进前舱。

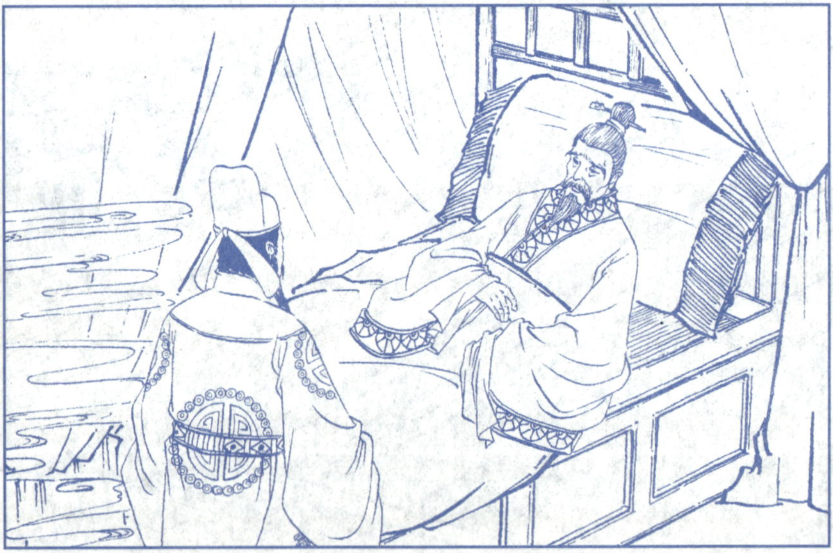

6 走进前舱，李约一眼就看见一个人卧在榻上，面色惨白，气息微弱，显然是重病在身。病人费力地请李约坐下。

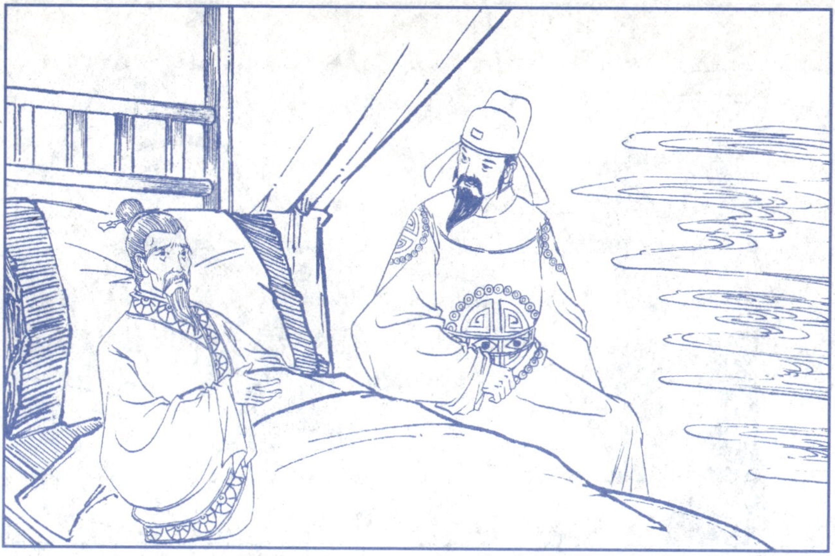

7 只谈过几句话，李约就知道了这病人是来自西北部少数民族的商人，这次是带着两个女儿到内地经商的。

8 一谈到女儿，商人不禁凄然泪下，他急忙喊人将两个女儿从后舱招呼出来拜见李约。只见两个女儿岁数不是很大，长得如花似玉，堪称绝色。

9“这次到内地来经商很顺利，获利也特别大。谁知我忽然得了重病，药用得不少，病就是不见一丝好转。我是不久于人世了，只是这巨万资财和两个女儿实在让我闭不上眼睛，真是放心不下啊！”商人泪流满面，连连叹气。

10 李约不解地问：“你怎么不想办法通知亲属呢？”“我的亲属远在万里之外，那里关山重重，旷野茫茫，恐怕已经来不及了。”

11 商人接着说："我想把资财和女儿托付他们。""嗯。想来已经有了托付之人？""轻易托付巨万资财难保不被侵吞，两个女儿未谙世事，谁知……"李约点头长声叹息。

12"今天听说李大人的船就泊在这里，这也是我命中幸运。我就想将这些俗务托付给李大人……"商人说着就拉住李约的袖子。李约说："两个未谙世事的女儿和巨万资财，怎能托给一个素不相识萍水相逢的人？"

13 商人说："我早就听说过李大人是位诚信君子，只是无缘同李大人相见相识。"商人再三恳求。李约说："别人托办事情，能办到才能应承，一旦承诺就必须办到，不知你要我办什么？"

14"这些资财请暂时代为保管。""这能办到，我绝不动一丝一厘。""两个女儿烦大人为她们寻上合适的夫婿，免得……"商人气喘得急促。"这也可以，我绝不存图利的念头。""还有……"商人说到这里，摆手让别人走开。

15 舱中只有李约一人在旁边，他也不说什么，只是费力地从怀中掏出一个绒布小包，一打开露出一颗闪闪发亮的夜明宝珠。商人才说：“这颗宝珠……”说了半句就不说了，像是难以启齿的样子。

16 李约说：“有事只管直说，能办我就应承，说办我一定办到。”“想请大人把它放到我口中，不让任何人知道……”说罢，商人就咽了气。

17 商人遗留的资财，李约碰也没碰就让商人的女儿把它们连同账簿一起封好，请官府收去保管。

18 以后，李约又为商人的两个女儿寻了如意夫婿，并亲自为她们主持操办了一场热闹风光的婚庆典礼。

19 过了很长的时间，得知消息的商人家属赶来清理商人的遗物，他们到官府将商人的遗物同账簿一一核对，发现除一颗宝珠不见以外，其余物品丝毫不差。

20 他们都知道那宝珠价值连城，便用询问的眼光看着李约说：“酬谢李大人也是应当的。”

21 李约什么话也没说，只让官府派人与商人的亲属一起去将商人的坟墓挖开，人们都看见那颗宝珠就在商人尸骸的口中。李约说：“因为我答应他将这颗珠子放在他的口中……”

22 承诺死人的委托，经手巨万的资财、珍宝，不办没人指责，侵吞无人知道，不用监督、无须公证，靠的是什么？诚实。讲的是什么？信用！李约的品德比那颗宝珠更为光彩夺目。

信

言出践行之道

XIN YANCHU JIANXING ZHI DAO

诺不轻许助人到底

1 东汉末年，战乱频繁，民不聊生。有两个书生模样的青年人，慌慌张张地往江边奔跑，还不时紧张地回头张望。

2 在他们后面大约一里路左右，可以看到一群士兵正在追赶他们，手里提着大刀，嘴里像是在喊着什么。

3 再往远处看，还可以看见大批人马狂追过后扬起的滚滚烟尘。

4 这两个青年人，后边的叫华歆，前面的叫王朗，他们都是当时很有名气的才子。后面追赶的兵是奉长官命令捕捉他们的。

5 跑到江边，华歆和王朗早已累得气喘吁吁，汗流浃背，他们停住脚步，惊慌失措地东张西望，漫江之中只有在离岸不远的地方有一只小船。

6“船、船家，快、快把船摇过来吧！”华歆一边上气不接下气地呼喊，一边紧张地向追兵的方向望去。

7 船工上下仔细打量了他们一番后便问："是你们要船吗？"王朗连忙说："快送我们过江，我们必当重谢！"

8 船工一边慢慢地往岸边摇船，一边问道："只有你们二位先生吗？"王朗大声回答说："只是我们二人，船家，快、快摇过来吧！"边说边向追兵的方向张望。

9 船家顺着王郎指的方向看过去，也看到了挥着刀向这边追赶过来的兵马，距离江边只有半里路左右，船家紧摇了两桨。

10 船还没有靠岸，华歆、王朗便忙向船跑去。慌乱之中，王朗一脚踏进水中，华歆忙伸手一把将他拉住。

11 两人爬到船上，顾不了袍子下摆和裤子在淌水，只是齐声说：“快，开船……”

12 船工摇桨，华歆、王朗再向追兵方向望去，大约只有三百步之遥，两人同时吐了一口长气，这才想起拧衣裤上的水。

13 船还没摇出一丈，忽然听到岸上传来喊声："船家，请停住！"华歆、王朗忙抬头望去，只见一人一边招手一边走到水中。刚才因为太紧张了，竟然没有看见这人是从哪里跑来的。

14 船家急忙把桨停住，冲站在水中的人说："船已经被这两位先生包用了，先生另外想办法吧。"那人向左右一指说："附近再没有别的船了。"

15　船家想看看华歆、王朗的态度，华歆和王朗都没有表态，只见那人对着华歆和王朗拱拱手说："两位先生，我这里有礼了，我正被乱兵追杀，请让我搭乘你们的船一起过江去吧……"

16　华歆若有所思，没有出声。船家想要说什么，见华歆没吱声便没张口。"追兵就要赶上来了，两位先生……"那人焦急地央求道。"就让他上船吧！"王朗急了，大声说："好在船上还有地方，帮他一把，我们一起渡过江去！"

17 华歆点头同意，那人赶紧蹚水走过来，船工把船往他身边摇一摇，华歆急忙伸手把那人拉上船，船工赶紧摇桨。

18 此时，追兵距离江边越来越近，连“站住”的喊声都可以听见了。追兵赶到江边，先是分头找船，找了一遍实在没船，便纷纷下水泅渡追船。

19 游泳追船的速度比摇船的速度快，泗水的追兵与船的距离在渐渐缩短。

20 经过刚才一段时间的猛摇，船工已经有些精疲力尽了，船就一点一点地慢了下来。华歆、王朗他们用手拼命帮忙划水也无济于事，眼看泗水的追兵越来越近。

21“船载人太多，难以加速前进，请先生下船去泅水吧。”王朗看着搭船的那人急急地说。

22 没等那人开口，华歆就对王朗说：“开始我迟疑没有答应这位先生搭船，正是怕出现眼前的这种情况，既然答应了人家一起渡过江去，就不能中途把人家丢下不管。”王朗就不说什么了。

23 那些追兵泅水到江心已经是精疲力尽了，泅水的速度明显减慢，追不上船了，船平安到达对岸。

24 后来，华歆在魏国曹操手下做官，还拥戴曹丕做了皇帝。不轻易答应别人的要求，答应了就要按许诺的内容负责到底，这就是华歆表现出来的信用；像王朗那样中途变卦，本质上就是言而无信。

信

言出践行之道

XIN YANCHU JIANXING ZHIDAO

以实为本叙事记人

1 中书令司马迁在撰写《史记》时，写着写着手中的笔忽然慢了下来，最后停住了，对着面前的竹简沉思起来。

2 那竹简上记录着，秦国在灭掉魏国的大战中，引黄河水灌淹魏国首都大梁（今河南开封）一事。

3 这件事司马迁早就听说过。那是秦王嬴政（始皇）二十二年（前225年），秦国发兵讨伐魏国，为了抵御秦国的进攻，魏国早就开始加固了大梁的城防，加高城墙，并在城墙内外都挖了深壕。

4 秦国大将王贲统率大军围困大梁的时候，正是多雨季节。王贲经过仔细观察分析，审视地势，看到黄河在大梁城的西北，汴河也从城西流过，心中不禁一阵窃喜。

5 于是一种作战方案在他脑海中形成，王贲命令士兵在大梁城的西北将大渠从河边一直挖到大梁城下，又在河的下游筑起拦河大坝。

6 一连十几天大雨滂沱，河水暴涨，水势浩大，河水倾泻而下，直灌大梁，致使城墙多处坍塌，秦兵乘势攻入城中，魏王投降……

7“事实真的是这样吗？”司马迁有些怀疑。作为传说可以，但如果要记录到史书上，就一定要真实可靠。记史，真实是首要的。这样一想，司马迁决定亲自去实地考察。

8 他从长安赶到大梁，顺着城墙转了一圈又一圈，一处一处地仔细观察，终于发现了城墙有多处被水泡过的痕迹。“嗯，是水泡过的样子。”司马迁点头，但心里还是不能确信。

9 当年水淹大梁的时间距司马迁此次调查大约一百三十年之久，不少人还能说出听他们的爷爷或太爷爷讲述当年人们与洪水搏斗的事情。

10 把调查时看到、听到的内容仔细分析比较后，再同竹简上的记述互相印证，司马迁确信了当年秦国引水淹没大梁城的史事，这才把它记入《史记》，他说："这是真实可靠的。"

11《史记》完成得差不多了，有个朋友来看望司马迁。一番寒暄过后，朋友就拿起司马迁已经写完的《李将军列传》读起来。

12 很快他就被书中叙述的内容吸引住了，传记中所述的李广射“虎”、退敌、脱险等情节，看得他直点头。

13　忽然，朋友的眉头皱起来了，脸上露出莫名其妙的神情。司马迁忙问：“有什么不妥之处？”朋友没有回答有什么不妥，却说：“看得出来，仁兄对李广将军是满含敬佩之情的。”

14　司马迁说：“李广将军乃是我朝名将，他的才干、声望远远胜过同时期的将领。他死的时候，全军将士无不放声痛哭，老百姓听后没有不落泪的。像这样德高望重、功勋卓著的将军怎不令人敬佩！”

15“那……”朋友指着书稿说，“那你为啥还要记这件事呢？”原来列传上是这样记录的：李广曾被罢官贬为庶民。一天，李广同别人在外边喝酒，夜里骑马回家时经过霸陵驿站，霸陵尉喝醉了酒，就大声呵斥他，不许李广通过。

16 与李广同行的人介绍说：“这是原来的李将军啊！”霸陵尉说：“即使是现任的将军也不得犯禁夜行，更何况还是过去的将军！”

17 不久匈奴入侵，朝廷重新起用李广，任命他为右北平太守。李广调霸陵尉同自己一起走，一到军中就把他杀了……司马迁问："怎么？"朋友反问："这是好事吗？""为一点个人恩怨就以权势报私怨，这算什么好事？当然不是。"

18"那这样记入列传流传后世，不是要损害李将军的形象吗？"司马迁说："我记的是历史，要以信为本，真实可靠最重要；记人就要记本来面目，让后世真知其人。怎能因自己的爱憎来掩盖真相呢？"正是由于司马迁的执着与坚持，《史记》才被人称为"史家之绝唱，无韵之离骚"。

信

言出践行之道

XIN YANCHU JIANXING ZHIDAO

不念私怨如实记写

1 魏国大将军司马懿的儿子司马炎建立了西晋王朝，最后结束了中国历史上魏、蜀、吴三国鼎立的时代，统一了中国。

2 陈寿，字承祚，西晋史学家，入晋以后，历任著作郎、长平太守、治书侍御史。经过数年的筹备，从史馆和个人手中收集了许多三国时的官方和私人著作，经过仔细研读，认真分析，在他四十八岁那年开始动笔撰写长达六十八卷的鸿篇史学巨著——《三国志》。

3《魏志》《吴志》有王沈的《魏书》、鱼豢的《魏略》和韦昭的《吴书》作为主要依据。蜀国虽然没有史志，但陈寿原来就是蜀国人，是蜀国史学家谯周的弟子，还任过关阁令史，那时就很留心蜀国的政事，因此，写起来也比较顺利。

4 陈寿唯独在写到《诸葛亮传》的时候，感到手中的笔沉甸甸的，再也写不下去了。诸葛亮是刘备的军师，蜀国的丞相，他的一生都表现着励精图治、雄才大略、机警过人、鞠躬尽瘁的精神。

5 陈寿在蜀国的时候，经常听到朝野内外传说的诸葛亮也是这样一个人人感念的人。按理说，为孔明写传并不是什么难事，可是陈寿的笔一时就是转动不了，仿佛死去的父亲的一双大手在紧紧地按着这支笔……

6 陈寿的父亲是蜀国的大将马谡的参军。蜀建兴八年（230 年）魏国大军进攻汉中时，他受诸葛亮的指令，与其他将领一起率兵驻扎箕谷。

7 诸葛亮知道魏国大将军司马懿足智多谋，善于用兵，估计他退兵时必设埋伏，因此就特别指示马谡等将说："如出箕谷口，提防魏兵埋伏，不可轻进。"

8 陈寿的父亲当时为马谡的参军，他认为，诸葛亮是谨小慎微，惧怕魏兵，心中不服。

9 在别人的怂恿下，陈寿的父亲就带着本部兵马出了箕谷口，而且径直前进追击魏军。结果中了魏军埋伏，兵马几乎全部覆灭。

10 陈寿的父亲总算被别的将领率兵救出，保住了一条性命。诸葛亮为了严肃军纪，严厉处置了陈寿的父亲，陈寿的父亲受罚后郁闷填胸，不久死去。

11　对于父亲的死，陈寿总是不能忘怀，无论在蜀国还是在归降晋国以后，每逢说到诸葛亮，他的心中总要浮起一片阴云，如今他该如何下笔呢？

12　……占领荆益两州联孙抗曹的方略，赤壁大战的成功，蜀汉王朝的建立，屯田政策的实施，改善同西南各民族的关系，五次北伐争夺中原，《前出师表》《后出师表》……诸葛亮这些丰功伟绩总在陈寿的脑海中萦绕盘旋，挥之不去。

13 陈寿自言自语：“为了留真实，记信史，太史兄弟连命都能舍出，司马迁连腐刑那样的奇耻大辱也没能影响他记录汉天子的公正，我怎能因为一点私怨就不如实记载历史呢？”

14 于是，陈寿就如实地记载了诸葛亮的文治武功、高风亮节，只是还觉得言之未尽，陈寿还评论说：“诸葛之为相国也，抚百姓，示仪轨；约官职，从权制；开诚心，布公道。”

15“尽忠益时者，虽仇必赏；犯法怠慢者，虽亲必罚；服罪输情者，虽重必释；游词巧饰者，虽轻必戳。善无微而不赏，恶无纤而不贬。庶事精练，物理其本；循名责空，虚伪不齿。”

16“终于邦域之内，咸畏而爱之。刑政虽峻而无怨者，以其用心平而劝戒明也。可谓识治之良才，管、萧之亚匹矣！”陈寿的父亲曾被诸葛亮处罚，陈寿评价诸葛亮却是赏罚公道合理，充满赞誉之情。

17 于是一个励精图治、雄才大略、鞠躬尽瘁、死而后已的诸葛亮形象就通过《三国志》流传了下来。

18 陈寿还觉得不足，为了给诸葛亮如实记传，他又将诸葛亮的前后《出师表》等著作收集起来，编成《蜀相诸葛集》传世。

19　有了解陈寿家世的人指着《诸葛亮传》故意问陈寿：“你出生在你父亲死之后，大约还不知道诸葛亮是怎样处罚你父亲的，更不知道你父亲为什么死吧？”

20　陈寿说：“记史记传必须诚实，不能因为私情为谁装金，也不能因私怨为谁剥金。后人说我记史不虚，我就无愧了！”陈寿记诸葛亮不念私情，不念私怨，如实反映别人的优劣真是十分难得的诚实。

信

言出践行之道

XIN YANCHU JIANXING ZHI DAO

不负前言千古一朋

1 晋代时期，在今河南省南阳市的一个偏僻山村，有两个读书人，一个叫朱晖，另一个叫陈揖。他们志同道合，结为八拜之交，亲如兄弟。

2 谁知天有不测风云，人有旦夕祸福。陈揖忽然患了重病，四处请医求药，久治不愈，眼看生命垂危。

3 这天，陈揖的病榻前只有朱晖一人在守侯，陈揖十分痛心地对他说:“今生得兄弟一知己，本当死而无憾。只是身后之事放心不下……”朱晖说：“兄弟家中之事我会全力相助，兄弟尽管放心。”

4“别的事我都放心，只是妻子已经有孕在身，还不知道是生儿生女，假设孩子一出生就没有父亲教养，长大恐怕是很难有所作为啊……”说着说着，泪水从陈揖眼角流出。

5 朱晖回答说：“兄弟的心事我明白，如果你得一男儿，我朱晖一定像教导自己儿子一样教他读书成才，绝不有半点偏心。”朱晖沉思片刻又对陈揖说：“只会让你的儿子比我的儿子强，绝不使他落在我的儿子后面。”

6 几天之后，陈揖死了，陈家人沉浸在一片哀痛之中，朱晖里里外外忙着帮陈家料理丧事，厚葬了陈揖。

7 又过了几个月，陈揖的遗孀生下一个男孩，取名叫陈友。

8 朱晖始终不忘在朋友病榻前说的话，自陈友懂事起就教他读书习文，确实像对待自己的亲生儿子一样关怀备至。

9 陈友自幼聪明好学，学习刻苦，学业日益长进。转眼间，十年过去，陈友与朱晖的儿子朱骈都成了远近闻名的有为青年。

10 这天朱晖的家里来了一位南阳的客人。原来朱晖有一个老朋友在南阳当太守，这个客人就是南阳太守派来的，他带来了一件大喜事：南阳太守要请朱晖的儿子朱骈去任职做官。

11 这特殊喜讯不胫而走，许多人都来到朱晖家里给他贺喜，欢声笑语，热闹非凡。陈友当然欣喜万分，如同自己要当官一样高兴。

12 朱晖本来是春风得意，笑容满面的，他热情地接待前来贺喜的父老乡亲、亲朋好友，不时地同他们打招呼，聊家常。谁知陈友的出现却让朱晖心事重重。

13 晚上回到内室，朱晖的夫人问他：“我看你好像有什么心事似的？”朱晖说：“心事确实有一点，南阳太守派人来让骈儿到那里去做官。”夫人笑道：“这是好事啊，怎么倒成了心事？是不是你不愿意他离家……”

14 朱晖恳切地说：“那倒不是，我是想推荐陈友顶替骈儿去做官。”妻子大惑不解地问：“这是为什么？”朱晖说：“因为我对陈揖说过，要让他的儿子强过我的儿子，绝不使他落在我儿子后面。”

15 “什么时候说的？”“就是陈揖死前几天在他病榻旁边。”“结拜兄弟临死前说那话不过是为了宽慰他一下，又何必当真呢？”“不论在什么情况下说的，说了就要算数。”“二十多年前说的话，谁还记得？”

16 “除我之外没人能记得。因为说话时只有我和陈揖。”“那……”“怎么？”“南阳太守是要骈儿去做官，又不是让你推荐一个人。骈儿去了也不会让你自食其言啊！”“你说的也有道理，只是我主意已定，明天就去南阳，当面向太守推荐陈友。”

17 次日凌晨，吃过早饭简单地准备了行装，朱晖就同客人一起风尘仆仆地赶赴南阳。

18 到了南阳，见过太守，朱晖首先感激老朋友的关怀之情，接着就说：“做官的事就不要骈儿了。”太守吃惊地问：“怎么，不屑做这个官？”朱晖说：“不是，我是想换一个人。”太守不解地问：“换人？换谁？”

19“我已故朋友有个儿子叫陈友，他的才学也很好，做官也能胜任。”朱晖说着又把自己如何对朋友许诺的事详细说了一遍。南阳太守答应朱晖，改让陈友做了官。

20 大痛缘至爱，一诺践终生！当年的许诺没有第三个人听见，天知，地知，我知，连“你知”都没有了，还是要兑现，守信到这种程度，不愧后人称朱晖为“千古一朋”。

信

言出践行之道

XIN YANCHU JIANXING ZHIDAO

赎麻得金原包退还

1 南北朝时，南齐的益州刺史萧衍有一个秘书官名叫甄彬。他是一个很诚实的人，人们都在争相传说甄彬还是普通百姓的时候“赎麻还金”的故事。

2 春荒时节，甄彬的家里已经揭不开锅了。怎样才能想办法买点柴米来供一家老小糊口呢？甄彬在屋内四处打量，目光最后落在了一捆苎麻上，他自言自语地说：“唉，只能靠它来救命了！”

3 妻子明白丈夫是想当了苎麻来买米，她也知道家中只有这捆苎麻可以送当铺换钱了，但她仍不舍地说：“去年秋天收了苎麻就打算织补成夏布给你做一件暑天穿的衣服，眼看天气一天比一天炎热了，你还穿着老羊皮……”

4“咳，糊口要紧。”甄彬愁眉不展，一声叹息。实在想不出别的办法来度过饥荒，妻子只好点头同意。甄彬就把一大捆苎麻送到街上那家长沙寺道人开设的当铺。

5 靠当苎麻的钱，甄彬一家人节衣缩食总算熬过了春荒。

6 秋收过后，甄彬费了挺大的劲总算把赎苎麻的钱凑齐了，他带着当票到当铺赎回了苎麻。

7 回到家里，甄彬把苎麻放到床上，妻子忙走上前指着苎麻说：“这回你可以做一件夏天穿的衣服了，这么热的天气还每天穿着一件老羊皮袄上山打柴，真是难熬啊！”

8 妻子一边说着话，一边把麻捆打开，忽然眼睛一亮，发现麻捆里夹着一个手巾包。

9 她随手将手巾包递给正在喝白开水的丈夫，随口问道："你把一个什么手巾包塞到麻捆里了？"

10"我塞什么了？我什么也没塞啊！"甄彬说着连忙放下水碗接过那个手巾包。只看了一眼就肯定地说："我们家里哪有这样的手巾？或许是当铺中哪个人顺手塞的吧。"

11　妻子问："也不知道里面包着什么东西？""是啊，打开看看就知道了。"甄彬说着就解开那个手巾包，一看，夫妻俩全惊呆了，包里是黄澄澄的金子。

12　甄彬掂一掂说："有好几两。"妻子惊喜地说："这么多黄金？要抵多少苎麻啊！"甄彬对妻子说："不管它是多少，不是我们应该得的东西绝不能要，莫说是几两黄金，就是几斤我们都不能要。"

13“嗯，我知道你的为人。”妻子说，“你看怎么办呢？”“从哪儿来的就送到哪儿去。”甄彬思索着说，“这捆苎麻我从当铺取出就一直拿回家里，中途没有任何人碰过，这手巾包一定是当铺的人塞的，我现在就给他们送回去。”

14 甄彬一边说话一边将金子用那块手巾重新包好，小心翼翼地揣进怀中，与妻子打过招呼就直奔当铺而去。

15 赶到当铺的时候天色已晚，当铺就要打烊了，可是还有几个人在柜台里面吵吵嚷嚷，只见其中一人面红耳赤，不知所措，显得十分狼狈。

16 原来，上午曾有人用一包金子作抵押来这当铺换钱，是一个道士接的。结账的时候，发现那包金子不见了，有人就怀疑是那个道士私自匿下了，道士正有口难辩。

17 大家正在吵嚷，只见甄彬迈着大步推门而进。他进门后二话没说，忙从怀中掏出一个手巾包，往头顶上一举问道：“是你们当铺的吗？”

18 众人都是一愣，那道士一步上前，接过手巾包就问：“你是从哪儿得到的？”甄彬就把自己是怎样发现手巾包的经过一五一十地说了一遍。

19“啊，对了，我想起来了！”道士高兴得叫起来。原来，这位道士接过这包金子的手巾包后，没来得及安放，顺手就塞进了麻捆中，后来一忙就全忘了。

20 道士见这包金子失而复得，又洗去了自己的不白之冤，自然万分高兴，马上就要分一半金子给甄彬，甄彬说什么也不接受。

21 后来，道士先后到甄彬家十多次，都坚持要送一半金子给他，甄彬说："我想要的话，当初就全部留下来了，说送还怎么能收回一半呢！"坚决不接受赠予。

22 甄彬后来被任命为郫县令，临行前向皇上辞行，当时上任的一共有五个人。皇上告诫他们要廉洁谨慎，唯独对甄彬说："你从前有归还金子的好品行，所以就不用我嘱咐了。"从此甄彬的声望德行更是传遍天下，留芳后世。

信

言出践行之道

XIN YANCHU JIANXING ZHIDAO

夫妻守约破镜重圆

1 公元 589 年，隋文帝杨坚举兵灭了南陈，一国分南北的局面结束，中国重新实现了统一。

2 与此同时，却有一对夫妻因南陈灭亡，一分为二而离散南北，这对夫妻就是南陈的太子舍人徐德言和乐昌公主。

3 隋文帝的大军包围了南陈首都建康（今南京），徐德言眼看城破国亡之势不可免，就在府中准备应付灾难的到来。

4 他对乐昌公主说：“当今之势，不得不思虑城破国亡之事了。”乐昌公主问：“思虑什么？”“别的事我顾不上担心，我最担心的是夫人……”

5“我？我会永远跟着你。过去你我是有福同享；今后如果有难，你我同当就是。”徐德言长叹一声说：“只怕做不到啊！”“你是说我做不到？”乐昌公主委屈得泪花滚滚。

6 乐昌公主疑虑地问：“那怎么做不到？”“作为一国公主，如果隋军破城，你必定被虏，怕是要……被押往北方。”徐德言黯然神伤。

7“啊？”乐昌公主惊叫一声，“那，你在哪儿？我们还能团聚吗？”“城破国亡，很难说我会沦落到什么地步，流落何方……就算你我都保住了性命，这茫茫大地、浩浩人海，如何寻觅啊！”徐德言声音沙哑了。

8“你要想个办法……”乐昌公主的眼泪流出来了，呜呜咽咽地说。“办法？”徐德言在地上走来走去，一不留神将一柄铜镜碰落在地上。

9 他凝视着铜镜出神，忽然，他捡起铜镜，“啪”地摔成两半。

10“你怎么了？”乐昌公主惊呆了。徐德言捡起了摔成两半的铜镜，递了半块给乐昌公主说：“我们就凭它见面。”

11　乐昌公主糊涂了。“夫人将它收好。”徐德言说，“倘若我二人不死，就定在来年的正月十五，在长安城，我们都到街上卖半面铜镜，高高地要价……”

12　乐昌公主还是不明白：“难道没有这凭证我们就彼此认不出来了？”徐德言说：“不是凭证，半面铜镜要极高的价钱，人们一定会觉得稀奇，一定会口耳相传……”

13“啊，我明白了……”乐昌公主点头。徐德言说：“正月十五，长安城中。”乐昌公主也说：“正月十五，长安城中。”

14 事情果然如徐德言预料的那样，乐昌公主同她的皇帝哥哥都当了隋军的俘虏。

15 乐昌公主被押送到长安后，分到越国公杨素的府中做侍妾。

16 转眼间就到了来年的正月十五，在长安街头有一个人手持半面铜镜“求售”，索价高得惊人，惹得人们议论纷纷。

17 有人当面就说："这人恐怕是有毛病吧？"又有一个人说："神魂颠倒的，那边街上还有一个，也是半面铜镜想卖高价，今年不知是怎么回事？"

18 这个卖半面铜镜的人就是徐德言，他历尽艰辛，跋山涉水从建康赶到长安来。

19 听到那人说的话，徐德言赶忙往那人指的那条街上奔去，他边跑心边扑腾扑腾地猛跳。

20 他看见了，是一个老人拿着半面铜镜。徐德言跌跌撞撞地冲到老人身边，颤抖着举起手中的半面铜镜。

21 两个人什么话也没有说，将两块铜镜一对，严丝合缝。“她在哪里？” 徐德言声音都变了。

22 听说妻子在那个一人之下万人之上的越国公那里，徐德言料想无法见面了，他就在那半面铜镜上题诗一首：镜与人俱去，镜归人未归，无复嫦娥影，空留明月辉。

23 看到这首诗后，乐昌公主泪流满面。杨素知道了这件事，非常感动，就派人找到徐德言，让他同妻子“破镜重圆”了。

24 约定时间、地点，通过半面铜镜寻找失散的亲人，竟获成功。这奇迹的实现是因为两人都诚信守约。如果有一个人不履行约定，那破镜还能重圆吗？

信 言出践行之道

XIN YANCHU JIANXING ZHI DAO

卖牛专说牛曾得病

1 在南北朝时期的一个阳春三月的早晨，集市上熙熙攘攘，车水马龙，十分热闹。

2 集市的一个角落里，有不少人围挤成一圈，指指点点，在相看一头待售的大黄牛。

3 有人问："这头牛有没有什么病？"卖牛的人回答说："没有什么病。"有人在一边说风凉话："这话问得太没水平了，哪个会说自己的货有毛病，有病也不能说啊！"卖牛的人说："我说的都是实话。"

4 这时，有一位老者把牛牵在手中上上下下仔细查看了一番，又牵着牛在原地转了几圈后说："这头牛确实没有什么毛病。"

5 围观的人们仔仔细细地相看了一番后，有人相中了这头黄牛，很快就与卖家谈妥了价钱。卖牛的人说：“好吧，这牛就卖给你了。”

6 有人把卖牛的人拉到一边小声说：“你卖的这头牛的价钱太低了。刚才买牛的那个人原是准备再给你加一些价的，不想你立即同意了。”

7 又有人凑到近前说："我再加一些钱，这头牛就卖给我吧。"说着就要掏钱。

8 "这……"卖牛的人有些为难地说："牛已经卖给那人了。""反正还没付钱，不卖就是了嘛。""还是按照那个价钱卖给他，我答应了就不应该反悔啊。"牛就这样卖出去了。

9 这位卖牛的人名叫明山宾（梁朝御史中丞），他在做州官的时候，因为用官仓中的粮食救济百姓，他的田园房舍都被官府给没收充公了。

10 他虽然做官多年，但因疾恶如仇，两袖清风，生活一直过得很清苦，这次卖牛就是为了应付家庭开支。

11 这头黄牛本是他的驾车牛。集市还没有散，那个买牛的人也还没有走，他正拍着牛的身体向周围的人夸耀自己如何精明。

12 买牛人正讲得高兴，忽然觉得衣袖被人拉动，他一边口若悬河地夸这牛的好处，一边漫不经心地回头望去，当看见拉他衣服的人正是刚才卖牛的人时，不禁一怔。

13 那买牛人忙问："你要干什么？""噢，我是专门来找你买的那头牛的。""牛？这牛不是已经卖给我了吗？价钱也是当面讲妥的，怎么要反悔啊？""请你不要误会，我特意回来找你，是要向你说明实情。"

14"什么实情？"买牛人听到这里就感到丈二和尚摸不着头脑了。周围的人都凑近想看看究竟是什么稀奇的事儿。

15 明山宾说："我要说的是这牛的病……""啊，这牛有病？刚才，你不是说没病吗？""刚才，我是说这牛现在没病，这并不是假话。只是，我忘了告诉你，这牛过去得过漏蹄症。"

16"是吗？"那人赶忙搬起牛蹄查看。"几年前它害过漏蹄症，现在早已治好了，我怕以后你对牛使用过于用力而导致它旧病复发，特地赶回来向你交代清楚。"

17 有人说："买卖是当面看货，何必回来说明。""如果牛现在有病，大家当然能够看到，因为过去的病看不出来，所以要实话实说。事情已经说明白了，我就告辞了。"明山宾说完就要离去。

18"别走！"买牛人又来精明劲儿了，拉着明山宾说："这牛过去害过病你刚才没说，我不知道才花那么多钱买下。"

19“噢，”明山宾说，“你不愿意买，退给我就是了，钱如数奉还你。”听了明山宾的话，买牛人如堕五里雾中，心想：莫非他觉得卖牛吃亏了，就编个有病的故事激我退牛？他想了想就说：“这牛我还是要，只是价钱要少些。”

20 明山宾还没答话，旁边就有人搭腔了：“这人怎么这么不讲道理。人家好意赶来告诉你，你不知道感激，竟要扣钱，怎么说得出口？”“不能再减牛价。”大家七嘴八舌都说买牛的人不对。

21“各位不必说了。卖牛时定的价钱是按牛没生过病定的，现在说明了牛生过病，价钱是应当减让。”明山宾说着就取出一些钱来递给买牛的人。

22“看看，这人可真是诚实不欺呀！”周围的人纷纷赞扬明山宾。听着人们的议论，买牛人反倒不知道该不该接明山宾的钱了。诚实有时确实要吃亏，宁可吃亏也要诚实，这就是真诚实。

信　言出践行之道

XIN YANCHU JIANXING ZHI DAO

允许触讳说到做到

1 唐太宗李世民即位不久，曾经问当时担任谏议大夫的魏征：“作为一个君主怎样才能做到耳聪目明，什么又会招致昏暗不明？”魏征说：“注意听取各方面的意见就能明辨是非，偏听偏信就难免昏暗不明。”

2 唐太宗觉得魏征说得很对，就向满朝文武宣示说：“欢迎大家提意见，希望大家不要怕触犯忌讳，要畅所欲言，有什么意见就提什么意见。”

3 皇帝真的欢迎大家提意见？真的允许触犯忌讳吗？如果说话算数还好，万一说了不算数，提意见的人岂不连身家性命都难保了？人们心里没底。

4 第一次也是第一个敢于站出来检验唐太宗说话算不算数的人名叫孙伏枷。

5 当时，唐太宗要判处一个名叫元律师的人死刑，孙伏枷就勇敢地站出来反对。孙伏枷说按照法律不应该判处元律师死刑。

6 唐太宗坚持自己的决定，孙伏枷就三番五次地同唐太宗争论，一点也不让步。众大臣都在密切关注唐太宗怎样对待这次批评。

7 最后，唐太宗不但接受了孙伏伽的批评意见，而且还把价值百万的兰陵公主的花园赏赐给了他。

8 许多人都说唐太宗的赏赐太丰厚了。唐太宗说：“我刚刚即位不久，孙伏伽是第一个敢于直言进谏的人，应当重赏。”

9 孙伏枷进谏只是公务上的分歧，并没有触犯皇帝的忌讳。真正触犯了忌讳，唐太宗还欢迎吗？魏征陪同唐太宗到洛阳巡视，一路上唐太宗的埋怨之声不绝。怨什么呢？就是怨一路上的供应不周到，还经常谩骂地方官吏。

10 魏征对唐太宗说：“陛下，臣以为一路上的供奉已经算可以了。”唐太宗说：“可以什么？就这个样子还算可以？作为一国的君王，要求供奉更为丰富、精美有何不可？你怎么偏向他们说话？”唐太宗的脸色不好看了。

11 魏征的脸也板起来了："陛下也不必要求太高了。您知道隋朝是怎么灭亡的吗？"唐太宗反问魏征："你说是怎么灭亡的？"魏征说："就是因为隋炀帝总是谴责地方官吏和老百姓不贡献食物，谴责地方官员供奉的食物不精美。"

12 唐太宗脸红了，"隋炀帝是个无道昏君，你怎么把朕比成隋炀帝？"魏征说："陛下应当以隋炀帝为戒，怎能步他的后尘追求奢侈浪费呢？您如果知足，那么现在的供奉已经足够了；您如果不知足，再奢侈一百倍的也满足不了您的要求！"

13 唐太宗不说什么了，魏征却还要说："您还要大兴土木，大建宫殿台榭，这不是也在步隋炀帝的后尘吗？这样下去人怨神怒，灾害就要发生，祸乱就要跟着到来啊！"

14 唐太宗听后如汤沃雪，他深情地对魏征说："卿的话真是振聋发聩，如果不是你唤醒我，我还听不到这样一针见血的批评呢。"

15 接着唐太宗就下令，把修建明德宫和玄圃院的建筑材料赐给洛水地区的灾民重建家园。这就是唐太宗对魏征触犯忌讳批评的答复。

16 有一段时间，对别人提出的正确意见，唐太宗虽然能勉强接受，但心里并不真正高兴。

17　有一回，皇甫德参上书批评唐太宗修洛阳宫殿、增收地租和增加宫女的梳妆费几件事，唐太宗就说：“这家伙是想让国家不役使一个人，不收一粒租，宫女都剃成光头，那样他才满意。”

18　经魏征再三劝说，唐太宗虽然赏了皇甫德参一点绸缎，但他心里却很不舒服。这就是对批评意见只能口头接受，并不是从心里真正欢迎。

19 魏征又专门批评了唐太宗不真正欢迎批评的问题。唐太宗出了一身汗，就对所有提批评意见的人加以鼓励，并说："大家发现我有过错，一定要像魏征那样及时地给我指出来呀！"

20 欢迎批评并且不怕触犯忌讳，只是口头上说容易，真正做到就难，当皇帝的更难。在相当长的时间里，唐太宗对批评意见是真正欢迎的，历史上出现的"贞观盛世"，论其原因，这应该说也是其中之一吧。

信

言出践行之道

XIN YANCHU JIANXING ZHI DAO

不贪他功不掠人誉

1 唐朝武则天当皇帝的时候，御史张循宪奉旨到河东一带去视察处理问题。有些问题他顺利地解决了，可是有一个问题却把张循宪给难住了，他感到束手无策。

2 怎么办呢？他放下架子，虚心请教别人，并向当地的官员了解询问：“在这地方有没有善于出谋划策的能人？”这个问题的答案终于在一位官员的脑中形成，他经过深思熟虑后才对张循宪做了一番介绍。

3 这位地方官员说："有一个叫张嘉贞的人曾经做过一段时间的平乡县尉，因为有些过失被贬官为民了。这个人的能力和才干确实很强的……"

4 张循宪说："曾经有点过失没有什么关系，只要能帮我出谋划策把事情处理妥当就好了。"张循宪立刻派人去把张嘉贞请来了。

5 这个张嘉贞确实名不虚传，很有才干，在听了张循宪说的事情后，马上拿出了解决办法，片刻之间难题迎刃而解。

6 张循宪又惊又喜，想了想又对张嘉贞说：“我想给朝廷上一奏章，能否请你代我起草？”

7 张嘉贞不但没有推辞，而且一点也不拘束，只见他沉思片刻，提笔有神，挥洒自如，一道奏章很快就写成了。

8 张嘉贞仔细阅读后非常满意，他高兴地对张嘉贞说：“你博学多才，聪明睿智，我一定要在当今皇上面前保荐你，让你得到朝廷的重用。”

9 回到长安，张循宪即刻叩见了武则天皇帝。他先奏报了视察河东的情况和对老百姓反映强烈的一些热点问题的处理，最后就提出了那件曾令他束手无策的事情。

10 听了这件事情后，武则天说：“此事确实棘手，应当如何处置还需仔细斟酌 ……”言下之意就是张循宪处理不了也不为过失。

11 张循宪说："这件事情已经处理完毕。""噢？你是怎么处理的？"武则天对这件事情很感兴趣。张循宪把处理办法及结果奏报了一番。

12"好，好！"武则天满意地笑了，"卿家真是不负朕望。有这样的御史，诚属难得。好，朕会记住你的功劳！"

13 张循宪说：“启奏陛下，这件事情不是臣处理的，那时臣已经束手无策，是别人出的主意，臣只是按照别人出的主意来处理好这件事情的。”张循宪就把自己如何请张嘉贞的事情详细奏明。

14“能够虚心求教，采纳好的主意，这也是一大长处。”武则天说。她想了想又问：“卿家一路巡视，对地方吏治与民情有什么想法啊？”听到这里，张循宪立刻将奏章呈上，说：“有，臣有奏章在此。”

15 看罢奏章，武则天的眼睛都瞪大了，这一是对奏章的欣赏，二是对这奏章出自张循宪之手感到惊奇，张循宪平时也没有这么高明的见解啊。

16“所奏见解高超，建议精当，说理透彻，文笔犀利。想不到卿家近来的见解大有长进啊……”武则天兴致勃勃，笑容满面。

17 张循宪忙说：“启奏陛下，这奏章不是臣的手笔……”“唔，我说你平时没有这么高明的见解嘛，是谁的手笔？”武则天问。“就是臣刚才说的张嘉贞。”“为何不早说明？”“奏章如果不对圣心，臣就不说了。”张循宪笑了，武则天也笑了。

18 张循宪说：“陛下，今日臣来见驾，第一件大事就是要保荐张嘉贞，臣已经对他说过，一定要推荐他让朝廷重用。”武则天忙问：“依卿之见，保荐他担任什么职务？”张循宪恳切地回答说：“臣与张嘉贞相比真是有如天壤之别，就把我的官衔让给他吧！”

19 武则天又笑了，说："爱卿对功劳不揽，对荣誉不钓，老老实实说明那是别人的功劳和荣誉，说保荐贤才就全力保荐，竟肯让出自己的官衔。如此诚实可信的人，朕怎么会用了他而不用你呢？"

20 武则天经过当面考察，破格任用张嘉贞为监察御史，将张循宪提升为司勋郎中。说保荐就保荐这还容易做到，然而保荐别人来取代自己实在是不容易做到。对皇帝表示赞许了的事情，还能如实说明功劳、荣誉不属于自己而是别人的，也实在是不容易。

信

言出践行之道

XIN YANCHU JIANXING ZHI DAO

不昧死者一分一厘

1 唐朝的汧国公李勉年轻时家境贫寒。天宝年间，李勉在睢阳遇到一个外地的读书人，两人住在同一家旅店里。

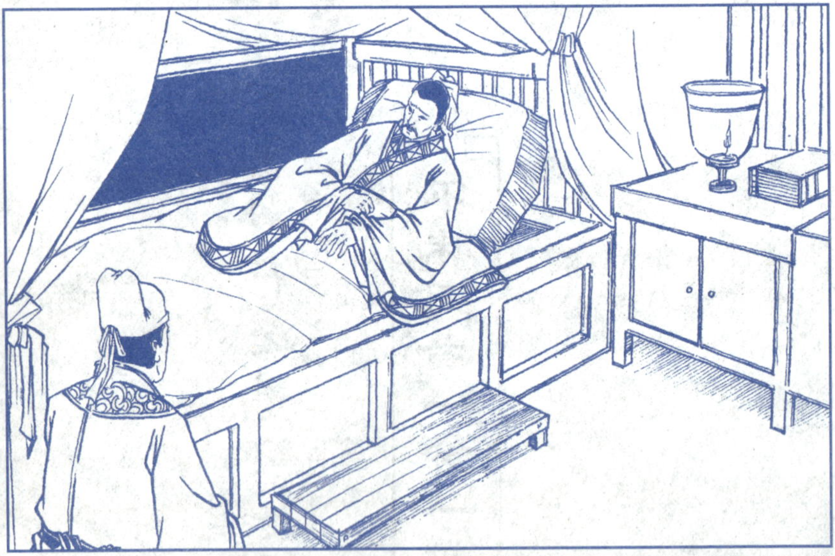

2 过了不到十天时间，那书生忽然得了重病。这书生觉得自己熬不过两个时辰了，就对李勉说：“我家住洪州（今南昌），这次出来是想到北都（今太原）谋求一官半职，想不到我就要客死他乡了……”

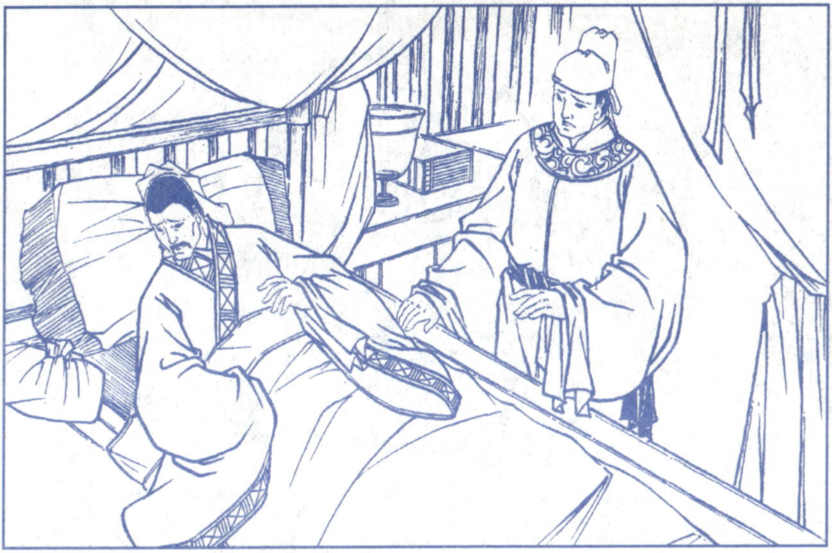

3 李勉问："你在这一方有没有亲属？"想问明白去通知他们。"我是孤身一人来到这里的。我的后事……能否请你为我办一办？""你尽可放心。""这个包囊……"书生说着就用手去取枕边的一个包囊，但已经拿不动了。

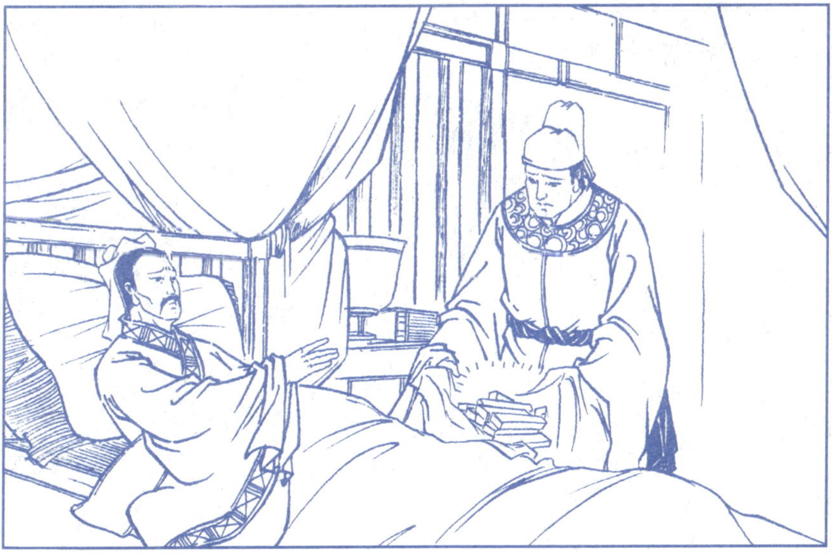

4 李勉探身帮他将包囊拿出来，书生手指包囊说："你把包囊解开。"李勉解开发现里面全是闪光之物。书生说："这是我出来所带的百金，一路上没有任何人知道，现在我就将这百金全部交给你，请你帮我办理丧葬吧。"

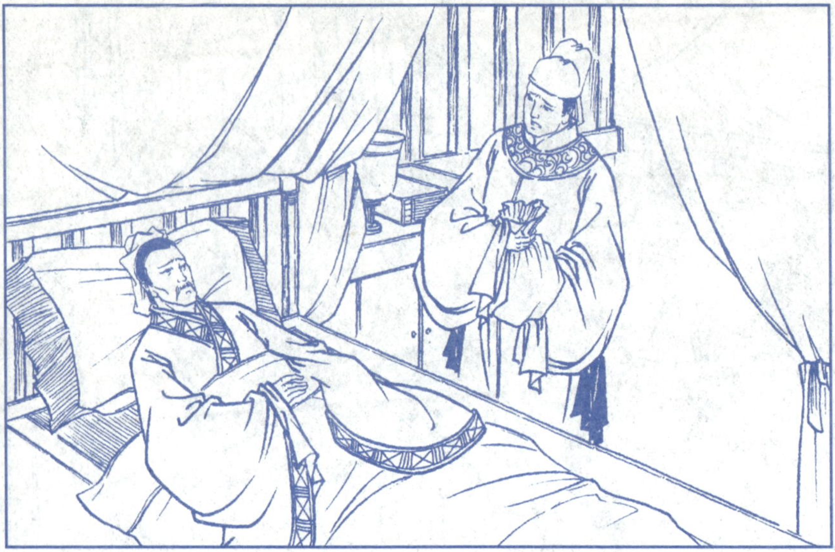

5 李勉说："虽然萍水相逢不足十日，你能相信我并付重金以大事相托，这也是有缘，这百金我绝不会私昧分厘……"

6 那书生死后，李勉按照时俗为他周到地办完了丧事，把他抬到城外，选择一块吉地将他安葬了。

7 几年以后，李勉做了开封都尉。有一天，李勉正在书房看书，下人报告有客人来访，李勉便吩咐把客人请进家中。

8 见礼后，李勉问道："足下从未见过面，不知是从何处来的？"那人说："我从洪州来，数年前先生在睢阳城一旅店内不是曾为一读书人办理过身后之事吗？我是那人的兄弟，今日特地登门道谢。"说着就递上洪州官府开具的文牒。

9 看过文牒，李勉说：“令兄英年早逝令人伤感，足下怎么知道是我为令兄办的后事？”那人回答说：“家兄离家数年，渺无音信，家中放心不下便让我出来寻找，我一路询问一直问到睢阳。”

10“在一家店内得知家兄已亡故，店家说当日多亏一位李先生为家兄办理丧葬。如今宋州之内无人不知此事，人们还知道先生在开封为官，因此我就寻到这里。先生的情谊令我今生不忘。”说着又起身礼拜。

11　李勉忙将那人扶住说：“理所应当，哪里用得着感谢。”停了一会儿那人又说：“家兄曾携百金，不知办理丧事……是否够用？”

12　李勉说：“令兄确实携有百金，是我亲眼所见，办理丧葬花费不多。”“那……”“这余金并未存在我这里。除我之外，无任何人知道放在何处，明天我领你去取来就是。”

13 第二天，李勉向开封府请假，带着那人直奔睢阳城外，一直带到那书生墓前。

14 那人不知道李勉为什么带他到他哥哥的墓前，拜过之后就站到一边。李勉一边对着坟墓行礼一边说了一些话，然后就吩咐从人仔细将墓掘开。

15 书生的坟墓挖开了，众人往里一看全都怔住了，只见墓中有一包囊，书生的弟弟认得那就是哥哥离家时包百金的包囊。李勉指着包囊说：“余金就在这里，请足下收回。”

16 书生的弟弟伸手提包，包囊已朽坏，杂乱残破中露出闪闪金光，当年的百金几乎一点不少。李勉忠诚助人，说不私昧一分一厘就真的一毫不取，他本可以从百金的剩余部分中拿一些或取全部，可他分毫不取。这种诚信真令人敬佩。

信

言出践行之道

XIN YANCHU JIANXING ZHI DAO

不做伪证说到做到

1 张易之是武则天的内宠，他骄横放肆，恶贯满盈，是一个许多人不敢碰的人物。

2 御史魏元忠得罪了张易之，张易之就在武则天耳边说魏元忠要谋反。武则天听后勃然大怒，要亲自审讯魏元忠。

3 张易之知道，谋反这样的大罪不是一个人揭发了就能定罪的，他还要拉一个证人。这天，凤阁舍人张说正在家中，仆人报告张易之来访，张说不敢怠慢连忙请进。

4 一番寒暄过后，张说问道：“不知光临舍下有何吩咐？”“啊，没什么大事，只是要找你证明一件事。”“不知是谁要我证明？”“就是我。”“唔，证明什么事呢？”“你不是听到过魏元忠谋反的话吗？”

5“我？我没听说过啊……”“那——你是忘了，一定能回想起来的。陛下听了我的报告要亲自审讯魏元忠。”“我实在想不起来了。”“我说你能回想起来就一定能回想起来，想不起来会是什么后果啊？那就是互相勾结，共同谋反！”

6 张说知道得罪了张易之就等于得罪了女皇帝，后果不堪设想。于是只好说：“好吧，那我就到殿上做证吧……”“这个证很好作，你也不必多想，魏元忠说了些什么我会揭发，到时候，你只说听到过就行了……你也别反悔！”“放心吧！”

7　这件事被宋璟知道了，到了审讯魏元忠这天，他早早地坐在朝房里，见张说来了，宋璟就把他拉到一边问道：“今天陛下审讯魏御史，听说你要当面做证？”

8　张说回答说：“我是不情愿的，只是……”宋璟说：“我不问你要证明什么，只想对你说，人要爱惜自己的声誉。做一个证人，无论如何不能昧着良心说假话，不能帮恶人落井下石。”

9“唉！”张说不禁长叹一声。宋璟说：“我明白这可能招来大祸，即使那样也不能说假话，是流芳千古还是遗臭万年就看你今天怎么作证了！”“我明白了，今天做证一定说实话，为魏元忠辩白冤枉。”“要说到做到啊！”“你看着！”

10 大殿上正在进行御审，当着武则天皇帝的面，魏元忠同张易之进行激烈辩论。张易之说魏元忠谋反，魏元忠说张易之诬陷忠良。

11 经过一番唇枪舌剑的辩论，张易之说："陛下，知道这事儿的不止我一个人，陛下可以问张说，魏元忠谋反的那些话他都听到过！"

12 张说走到御案前，张易之的脸上立刻露出了笑容，宋璟的心也悬到了半空。"咳，你还愣着干什么？赶快证明！"见张说不开口，张易之催促道："你肯定还记得！"

13 张说开口了："陛下，请仔细看看，在这堂堂大殿之上，当着圣上的面，他也敢这样逼我，可以想象在外面他是怎么威逼我的。"武则天说："你只需要说你是不是听到过魏元忠说那些反叛朝廷的话就行了。"

14 张说果断地说："启奏陛下，我实在没有听到过魏元忠说反叛朝廷的话，我不能做假证啊！"

15 张易之听后脸都气青了，他指着张说怒喝道："你同魏元忠是一伙，一起反叛朝廷！"张易之说的这些话就连武则天也不相信了。

16 在以后的几次复审中，张说始终谨守坚持对宋璟的保证——不做假证。武则天宣布魏元忠无罪。

信

言出践行之道

XIN YANCHU JIANXING ZHI DAO

拾珠招领全部奉还

1 宋朝有个书生名叫林积，他要上京城去。有一天，他辗转来到蔡州地界，看天色已晚，就决定在这里投宿住店。

2 在大街繁华的十字路口，有一家客栈的招牌显得格外醒目，林积走进店来，老板一番热情招呼后便吩咐店小二举着灯将林积送入一间客房。

3 林积在灯下埋头读书，不知不觉中听见大街上已经打了二更，想到一早还要继续赶路，他收拾起书本，准备睡觉了。

4 一躺到床上，林积只觉得腰部有什么东西硌着，他忙用手一摸，感觉席子下面有个硬硬的东西，他赶紧爬起来将席子揭开，借着淡淡的月光看见一个布袋。

5 林积抱怨说："是哪个客人开这样的玩笑。"说着就将布袋随手扔到桌子上，收拾好床铺继续睡觉。

6 因为心里总是惦记着还要赶路，林积醒得很早，天刚亮就准备起来了。他听听四周的动静，客店里静悄悄的，人们都还没起床。

7 他坐在床上，眼光往桌子上面一扫，就看见了晚上在那个席子底下硌人的布袋。“看看里面装的是石子还是其他什么东西。”林积自言自语地说着，就将布袋拿在手中。

8 他打开布袋口的扎绳，顺手将布袋往桌上一倒，只听“哗啦”一声，林积立刻惊呆了，倒出来的是珍珠，有几颗还滚落到了地上。

9 林积慌忙把珍珠收回袋中，将掉在地上的珠子拾了起来，又在桌下、床下仔细地寻找了一番，见再没有失落的珍珠才将袋口重新扎好。

10 他坐在床边思索了一阵后，听见店中有开门的声音。林积喊：“店家！”“客官有什么吩咐？”店小二打着呵欠赶过来问，一副睡眼惺忪的样子。

11 林积问："贵店可有笔墨，借来一用？"店小二不一会儿就将笔墨送到。林积想了一想，就在墙壁上写道："某月某日，剑浦林积曾住此处。"

12 店小二心中好笑，又不是什么名流墨客骚人，还舞文弄墨地在墙上乱题乱画？他心里发笑但没有说出来。

13 林积收拾好行装就要上路，离店时，他对店老板说："以后如果有人来贵房寻找珍珠，请转告他到京城来找我。"接着又详细地说明了自己到京城后的住处。

14 到达京城不久，有一天他正在住处看书，忽然有人来找他。一见面，那人就问："先生可就是剑浦的林积先生？"林积忙说："在下就是林积，不知有何贵干？"

15“先生前不久不是在蔡州住店吗？还留下字迹在客房墙上。你真是个大好人啊！”“莫非你就是……”“对呀！我就是遗失珍珠的人。发现遗失珍珠后，我赶回那家客店看到先生的题字，店老板又告诉了先生留下的地址，我就急忙赶来了……”

16 林积说：“珍珠都在这里，只是我不能直接交给你。请你写个文书递到官府，让官府把它还给你，免得……”“免得被别人冒领！先生的好意我明白。”

17 那人写好文书投到开封府，府尹把林积请去。在大堂上，林积把装珍珠的口袋当面交给了府尹。

18 府尹问林积：“嗯，此人已将口袋里珍珠的数目写清，林积你知道这珍珠有多少颗？”林积回答说：“回大人的话，自那日收起珍珠，学生就将口袋扎上，再也没打开过，并不知道袋中珍珠是多少颗。”

19　于是府尹吩咐：“好，当堂数来。”过了一会儿，有人将珍珠的数目报上府尹。

20　府尹说：“好，数目符合，珍珠应还给失者。只是……本府的意思是，这珍珠应该是遗失的人和捡得的人二人平分，不知你们意下如何？”

21 没等那人说话，林积便说："不可。如果我想要珍珠，从捡到那天起，整袋都归我了；我说过还给失主，那就是全部奉还，怎能又要半袋呢？"

22 如果当初在客店林积就将珍珠收归自己，那根本就不会有第二人知道，但他没有这样做，而是全部交还失主手中。无怪人们称赞林积是"诚实守信用的君子"。

信

言出践行之道

XIN YANCHU JIANXING ZHI DAO

礼品不动吃枣挂钱

1 宋朝时期，在一个秋季的一天中午，蜿蜒崎岖的乡村小道上行走着两个人。走在前面的书生，名字叫查道，后面挑着一副担子的是查的仆人，担子里的东西是查家送给亲戚的礼物，主仆二人此行是去送礼。

2 一早起来就急匆匆地赶路，此时两个人都有些走不动了，口干舌燥，既累又饿，头上直冒虚汗。仆人一边将担子换换肩，一边说："整整一个上午，我们可是水米都没沾牙啊！"

3 查道说："这事应该怪我，早上走得太匆忙，忘记带上我们午间吃的干粮了。"仆人说："应当想点办法，这样空着肚子赶路可真的有些受不了。"查道听后长长地叹了一口气。

4 查道指着四周说："在这崇山峻岭中，四周望不见一户人家，哪里有办法可想了？"仆人笑着说："办法嘛——要想总是会有的，我就能想出来。"

5 查道高兴极了，连忙问：“你有什么办法快说说看。”仆人手指挑着的担子说：“这办法不是远在天边而是近在眼前，公子你往这里看！”

6 查道问：“看它做什么？”仆人笑道：“公子真是读书读糊涂了，这盒子里面装的不是有吃的东西嘛！”“你是说吃盒子里装的东西？”“就是啊，怎么能够眼睁睁地看着吃的东西还要饿肚皮呢？”

7 仆人一边说一边放下担子就要揭盒子盖。“唉，不行，不行！”查道忙摆手说：“那是送给人家的礼物啊！”“礼物？”仆人说：“我们又不是全吃掉，少吃一些垫补一下肚子，不是照样可以送礼吗？”

8 查道指着担子说：“这些礼物既然是送人的就是别人的东西了，我们怎么可以随意乱动呢？”“咳，送礼又不是还债，多一些少一些又有什么关系嘛。”“多也好少也罢总是人家的东西，人家的东西我们就不应该动。”

9 仆人反问查道："人家知道你送的是什么？"仆人拖着长声说："我看人家知道了也不会见怪的——""人家不责怪我们也得诚实守信，送多少就是多少。"

10 说了半天没有办法，仆人只好挑起担子继续赶路。又走了一程，来到一处枣园旁边，正好枣子熟了，鲜红的大枣挂满枝头。

11 仆人放下担子，长出一口气说：“这枣子可不是送给别人的礼物了吧。”查道想找到枣园的主人，于是就让仆人向枣园里边喊了一阵，但是没有人应声。

12 这回仆人再也不问查道了，管自打下许多枣子，用衣襟兜着送到查道面前说：“吃吧公子，不要饿坏了。”

13 查道用手摸摸脑壳，想了又想才伸手接过枣子。

14 主仆二人吃过枣子，休息了一会儿就要上路了，“且慢。”查道从腰间摸出一些钱来递给仆人，仆人迷惑地问：“这是做什么？”“你把这些钱挂在树上。”仆人更迷惑不解了：“这是什么风俗？”“我们吃了人家的枣子应该付钱啊。”

15 仆人抱怨道："枣园的主人在这里可以付钱，主人都不在还付什么钱啊，何必这么认真！"查道说："平时我们不是常说买人家的东西必须付钱吗？不管枣园的主人在不在，我们都得诚实守信啊！"

16 把钱挂到枣树枝头上，他们才继续赶路。诚实守信就是应该这样，不管有没有人知道，有没有人看见，都不能欺骗别人和自己的良心。

信

言出践行之道

XIN YANCHU JIANXING ZHI DAO

认真守信不需证据

1 有个姓第五名常的地方官接到朝廷的旨意，要调他到京都任职，他的朋友阎敝前来看望。“第五兄赴京路途遥远，各种事情都要准备妥当一些。”第五常说：“路途远，行期匆忙带不了太多东西，我正有件事要找你商量呢。”

2 阎敝说：“有什么事需要找我帮忙说一声就是了。”“是这样的，这些年做官积攒了一些俸银，路上不便携带，我想寄存在阎兄家里。”“俸银能有多少？”“是一百三十万贯。”

3 寄存一百三十万贯一事就这样三言两语说定了，第二天俸银就搬到阎敞家中。从商量这件事到把一百三十万贯俸银搬到阎敞家里寄存，这些只有他们俩知道。

4 第五常到了京城，因为不缺银钱使用就没有到阎敞家取那笔寄放的银钱。第五常家中的其他人都不知道这件事，自然无人说起这事，就像没有这回事一样。

5 这一年瘟疫盛行，第五常家里的人染上了瘟疫，亲人先后死了。

6 第五常知道自己的病没有治愈的希望，眼见得早晚就要撒手归西，他把家中唯一没有染上瘟症的孙子叫到床前说："我将不久于人世了，来京城前，我把三十万贯银钱存放在老朋友阎敞家里，你以后可以取来使用。"

7 第五常的孙子只是拉着他的手不住地流泪点头，倒是旁边伺候的仆人问道：“老爷在阎爷家存放的银钱，阎爷写的收据放在了什么地方？”

8 第五常说：“朋友之间以信为本，用不着写什么收据，去取就是了。”仆人不放心地说“那……如果他说不是三十万贯而是二十万贯，谁能证明真假？”第五常说：“不会那样，三十万贯他不会少说一文！绝不会……少说一文。”

9 第五常死了，过了好多年以后，他的孙子才带着仆人去阎敞家。这天眼看快要到阎敞家了，仆人小声说道："少爷这次到阎先生家不必说老太爷故去，只说老太爷让你来取这三十万贯银钱就是了。""那是为什么呢？""因为寄放银钱的事只有老太爷与阎先生两个人知道。"

10 阎敞一见到多年未通音信的老朋友的孙子当然非常高兴，立刻询问起第五常的健康情况。第五常的孙子说："我祖父已在多年前故世了。"

11 听说老朋友已经死了，阎敝悲从中来。看到阎敞伤心难过的样子，第五常的孙子的悲伤之情又被勾起，也是泪流满面，唏嘘不止。

12 阎敞止住哭泣问：“老朋友故去也是无可奈何之事，只要你辈上进，他也可以瞑目九泉了，只是你的生活怎样维持？”第五常的孙子说：“正是祖父临终前对我说有三十万贯银钱寄存在这里……”“呀，真是病魔害得人头脑不清。”

13 第五常仆人的心一下子提起。阎敞说："确实有银钱存放在我家里，这没有错。"第五常仆人的心放下一半。"只是存放的银钱哪里是三十万？"

14 第五常仆人心想，果然不出自己所料，不晓得他要暗昧多少，唉，没有收据就是不行。第五常的孙子问："那是多少呢？"阎敞说："是一百三十万贯。""啊！是多少？"第五常的孙子以为听错了。

15“什么？一百三十万贯？”仆人真的以为听错了，不由自主地插上一嘴，竟然忘记了自己的身份不应该说话。阎敞又说了一遍：“一百三十万贯！”“祖父只说三十万贯，您记得不准吧？”

16“孩儿，我怎么记不准？你爷爷说是三十万一定是病重，头脑不清说错了，你到堂屋看看就知道了……”堂屋中箱子还是当年封存的样子，里面原封不动地装着一百三十万贯。对于一个诚实守信的人，守信是不需要有证据的。证据是为了防止有人不守信用而预备的。

信

言出践行之道

XIN YANCHU JIANXING ZHI DAO

便宜不捡圣誉不认

1 北宋仁宗年间，皇帝对进士进行考试。一千多人的考场上最引人注目的是一个年仅十四岁的少年，他就是著名的词人晏殊。别人都是进士，晏殊十四以神童入试，赐“同进士出身”。

2 考场上静悄悄的，考试题发下来了，题目是《诗赋论》。一千多名进士都在埋头论诗赋，这时，只见“同进士出身”的少年走向主考官的席位。

3 少年对主考官说："请给我换个题目吧。"人们很惊讶，就在昨天初试的时候，他的卷子还答得又快又好，皇帝很欣赏他才赐他"同进士出身"。

4 今天复试他怎么竟要求另外换题，莫非他做不了这个题目？"试题乃是陛下亲自出的，考生同做一个题目才好比较水平的高低，怎么可以单独给你另外出题？"因为他是特殊参加考试的，主考官对他并不严厉，何况他才十四岁。

5 少年说：“我不应当做这个题目。”主考官问：“那是为什么呢？”少年说：“我要是做这个题目就太不诚实了。”这句话把主考大人一下子送到了云里雾中。

6 没等主考再问，少年接着说：“这个考试题目，我在十天前做过，那时又不是考试，时间充裕，可以反复斟酌修改……”听到这里，有人心想：“这样现成的便宜竟然不捡？”

7 晏殊接着说："啊，文章草稿还在，如果不相信，我现在就可以背诵一遍。"后来，仁宗皇帝听说这件事情以后，特别赏识这个少年的诚实。

8 晏殊自小就聪明过人，他七岁就能写出很好的文章，被人称为"神童"。"神童"的名声越传越广，后来就传进了皇帝的耳朵。晏殊这次进京是皇帝特招的，皇帝为了亲眼看看"神童"的本领，才让他参加这次考试。

9 后来，晏殊被皇帝破格任用为翰林。一次，朝廷的大小官员都到京城的郊外去游玩，在那里举行了盛大的宴会。

10 在这次盛大的宴会上，人们没有见到晏殊。时间长了，大家发现无论在什么宴会上几乎都见不到晏殊的身影，他在做什么呢？原来，他在家里同兄弟们一起读书作文章。

11　这件事传到皇帝的耳朵里了。这天，皇帝把朝廷的许多官员召集到便殿，官员们都不知道有什么大事发生。皇帝说：“今天，朕要告诉你们一件事。”众人屏气静听。

12“朕要为太子选一位老师。”众人头脑中都在快速思考着可能的人选，准备在皇帝问到自己时好奏对。“你们看哪位卿家合适呢？”不知道皇上想选个什么样的人，更不知道皇上心里是否有人选，大臣们谁也没说话。

13　皇帝扫视了众人一遍，笑着说：“这个人不必众卿家推举，朕已经选好了。”大家都在猜，会是谁呢？皇帝看着晏殊说：“朕要选晏殊做太子的老师。” 晏殊听到后连忙跪地谢恩。

14　皇帝对晏殊说：“朕知道，晏卿家常常闭门读书，不参加各种宴会。这样忠厚谨慎、不喜欢游乐嬉戏的人放在太子身边非常适合。众卿家认为如何？”后面这句话是对众人说的。

15 不少人心里在想，能够得到圣上的赞誉，这下可真是前途无量了。因此，有的人羡慕，有的人嫉妒。

16 晏殊说话了：“启奏陛下，陛下只知其一，不知其二。臣晏殊并非不愿意游玩，也并非不愿意参加宴会，只是因为我家贫穷无能为力。臣如果有钱也会像别人一样游玩、参加宴会的。”

17“唔？”皇帝先是一怔，接着就笑了，“如此诚实不欺，诚属难能。这样的人放在太子身边那就更合适了。”

18 后来，晏殊在庆历年间就做了宰相。将表现自己出风头的机会推掉，皇上的赏识夸奖不认，一定还要说出自己不那么好，诚实到如此程度的人确属难得。

信

言出践行之道

XIN YANCHU JIANXING ZHI DAO

黄梨无主任渴不动

1 许衡，字仲平，学者称之为鲁斋先生，是中国 13 世纪的思想家、教育家和天文历法家。

2 早年，许衡同几个人一起逃难，经过河阳（今河南省孟州市）。当时正值酷暑，头上是火辣辣的太阳，四周望不到一棵树可以遮阴。

3 他们已经整整一个上午没有看见一个人影、一口水井了。几个人热得从头到脚像是水洗过一样，汗水把衣服都给沾到身上了，嗓子干得要冒烟。

4 一个人说："哎呀，怎么连一点水的影子也见不到啊？"另一个人说："是啊，这时候如果能喝到一杯水，我就是花多少钱都舍得。"

5 许衡一边喘着粗气一边回答说：“这一带前不久刚刚打完一场大仗，几十里路上不闻鸡鸣犬吠，百姓不知道都逃到哪里去了……”他说不下去了，只觉得嗓子冒火，呼出的气都是热乎乎的。

6 另一个人接过话头说：“真有那么一片梅林就好了——”他说着往前面一指，忽然，他的手停在空中不动了，话也不说了，因为他看见远处隐隐有一棵树。大家也看见了，于是加快脚步朝树影方向奔去。

7 嘿，真是一棵树，比梅树还好，是一棵梨树。树身高大，枝叶茂密，树下浓荫一片。最吸引人的还是那缀满树枝的颗颗黄梨。

8 众人跑到树下，顾不得乘凉就纷纷摘梨，摘下来就急忙往嘴里送，一时间谁也顾不得说话。

9 吃得差不多了，众人才注意到许衡一个人坐在树荫下，树上的黄梨，他竟然碰都没碰。有人拍着许衡的肩膀问："为什么还愣着？摘梨啊，还等别人给你送来吗？"许衡轻轻摇头，只是撩起衣襟扇凉。

10"怕是累得不能动了吧？给！"有人说着便将黄梨递给许衡。许衡没有接，转过头去皱了皱眉。那人举着梨说："快吃吧，是好梨，又甜又脆，吃几个好解解暑气。"

11 许衡说：“这黄梨怎么能吃呢？”好几个人异口同声地问：“这梨怎么又不能吃呢？”大家的眼睛都不约而同地打量着手中的梨。

12 许衡说：“我不是说梨。”“那——”“我是说梨的主人不在，我要买梨来吃，钱都无处付。不付钱吃人家的梨，那不就和偷吃一样了吗？”

13 听许衡这么一说，有人笑了：“哎，这是大战之后，周围连一个人影都不见，还有什么梨的主人啊？你不吃，这些梨也许会白白烂掉。”

14 许衡用手指着自己的胸口说：“即使梨没有主人，我自己可有心。宁肯让梨烂掉，我也不能欺骗自己的心。”

15 又有一个人说："吃几个梨又算得了什么大事，何必如此认真？" 许衡说："事无论大小都有是非曲直，怎么能够因为事小就不诚实呢？遇到小事都不诚实，大事怎么能诚实呢？"

16 别人都不说什么了，也没人再劝许衡吃梨，都各自找阴凉的地方坐下或躺下。有的人还把手中的梨偷偷地丢到草丛中。

17 休息了一阵，大家觉得不像刚才那样焦热干渴了，就站起身来继续赶路。有人因为刚才摘梨、吃梨，看着许衡觉得有点理亏，于是就自我解嘲似的说："刚才的事幸亏没有别人看见。"

18 许衡只是笑了笑，心里却说："有人看见才用得着诚实吗？"许衡的行为在告诉人们，诚实并不是做给别人看的。该做的，没人看见也要做；不该做的，没人看见也不做，人前人后一个样，这才是真正的诚实。

信

言出践行之道

XIN YANCHU JIANXING ZHI DAO

对人守信得人忠心

1 元朝末年，各路义军纷纷起义，准备推翻元朝的统治。明太祖朱元璋为了进一步壮大自己的红巾军，于是大量招集天下的人才。

2 这天，自幼就是朱元璋朋友的大将军胡大海对朱元璋说，要推荐个能人，这个能人就是刘基。

3“嘿，这人了不得，我们现在这伙人当中很少有能够跟他比试比试的。”胡大海对刘基的才能极口称赞。

4 朱元璋说：“这个人我也听说过，他愿意投靠我吗？”胡大海说：“愿意，那没问题，就是……他也许不敢来。”

5 朱元璋忙问："怕什么呢？"胡大海接着说："你知道他做过元朝朝廷的官。罢官后还一心同我们作对，骂我们是'红贼'、是'妖寇'，还捣鼓左近庄子搞起了'乡兵'，结寨就是抵抗我们的。他肯定怕我们跟他算这笔账。"

6 朱元璋听后，立即表态说："啊，对过去的事我们不计较就是了，那么，你就去把他请来吧。"

7 胡大海带着人第一次到刘基家相请，结果是空手回来向朱元璋报告：“他说投红巾军自然很好，只是……”朱元璋问：“只是什么？”胡大海说：“就是担心你要跟他算旧账。”

8“你没有向他说明不算旧账吗？”“我说了，他还是怕投过来以后你对他心怀戒备，以后出了什么问题就会新旧账一起算。”朱元璋说：“过两天你再去请，就说我对他一定像对你们这些共同起义的兄弟一样一视同仁，绝不怀疑他，说话算数！”

9 带着朱元璋的保证，第二次，胡大海来到了刘基的庄上。听完胡大海传达了朱元璋的保证，刘基请他在客房歇息。刘基经过一番缜密思考，还是决定找来章溢、叶琛等人一起商议是否投靠朱元璋的事。

10 刘基说："朱元璋说对我们过去反对红巾军一定不计较，对待我们同对他的兄弟们一样一视同仁，这自然很好，就是不知道他能不能谨守诺言，说到做到。"

11 有个人听到后说：“他那里有个朱升，本来是元朝的朝廷命官，投奔朱元璋之后，他对朱升确实信任，对他提出的‘高筑墙，广积粮，缓称王’的建议是完全接受听信的。”

12 另一个人不放心地说：“朱升没有骂过红巾军啊……”经过一番议论，刘基等人决定先投奔朱元璋的红巾军。如果他不计旧怨，一视同仁，大家就诚心效力积极出谋划策，跟他干到底；如果他言而无信，就寻找机会投奔别的义军。

13 当得知刘基决定投奔朱元璋的红巾军后，胡大海非常高兴，立刻派人回城报告，并约定了入城的日子。

14 胡大海带着刘基、章溢、叶琛等人到来的时候，朱元璋亲自带人出城迎接。以后又专门为他们修了礼贤馆。

15　朱元璋知道刘基的才能，立刻就把他留在自己身边，对他完全信任，二人经常在一起密谋大事。刘基积极地为朱元璋出谋划策，一来二去，成了朱元璋的主要谋士。

16　当时同朱元璋争夺天下的主要对手，是兵强马壮的陈友谅。陈友谅统率几百条战舰顺江而下，与张士诚约好要两路夹击朱元璋。

17 怎么对付？朱元璋把刘基找到卧室里密商。刘基说：“投降不是办法，逃避更不是办法，最好的办法就是坚决抵抗。”

18 刘基接着说：“张士诚可以暂时不理，对陈友谅可以利用其骄横轻敌的特点，诈降诱敌，再集中优势兵力进行打击，然后挥师北上平定中原，这样就可以奠定帝王的基业。”

19 朱元璋按照刘基的计谋部署军事行动，果然转危为安，大获全胜。以后像这样的事情就太多了。

20 刘基是元末一个极富谋略的军事家，曾是朱元璋的劲敌。能把这样的人才牢牢地拢在身边，使他不遗余力地贡献智谋，很重要的一条就是不计前嫌，肝胆相照。如果招揽刘基时的允诺都不算数，刘基还会为他出良谋划善策吗？

信

言出践行之道

XIN YANCHU JIANXING ZHI DAO

按时还书准时报到

1 浙江的深冬也是特别寒冷的。夜已经很深了，偏僻的山村中，还有一个窗口透出昏黄的灯光。一盏油灯下，有一个少年正在急急地伏案写着什么，口里还轻声复诵着书上的字句。这少年就是后来明朝初年著名的文学家宋濂。

2 那时候，宋濂的家里很穷，他喜欢学习，可是买不起书，只能向藏书的人家借书，借来就自己抄写学习。现在他就是在抄书，抄写了一会儿，他的手指已经僵了。

3　活动了一会儿手指，他又抄起笔来蘸墨书写，可是纸上只留下淡淡的字迹。他才发现砚台里的墨汁已经冻成冰了，笔头也冻得硬邦邦的，他赶紧捧起砚台举到灯火上面烤，看着砚台里结成冰的墨一点点化开，他又赶忙蘸墨继续抄写。

4　他母亲掀开门帘进来说：“孩子，这么晚了，又这么冷，怎么还没睡？”　宋濂说：“啊，我得抄这本书。”“你从早上到现在都没动过地方，明天再抄吧。”“那不行，借书时我们约定明天还书，今夜不把它抄完，以后我看什么书呢？”

5 母亲说："明天不还嘛，晚一天还书又不会缺少一页。" 宋濂头也不抬，仍然急急地边抄边说："那怎么行？""他们家有那么多书，明天不一定非要看这本不可，这又不是什么大事。"宋濂回答说："不管大事小事，不能说了不算……"

6 母亲只好回到自己的屋去，天亮以后再过来看的时候，只见宋濂伏在案上睡着了，那本书合着放在案子的一角。

7 宋濂按约定的日子把书还给了它的主人，书主人高兴地说：“还愿意借什么书，你就随便选吧……”

8 宋濂长成青年了，只靠自己看书已经不能满足他的求知需求，经过别人介绍，在离他家很远很远的地方，有一位学识渊博的学者同意收他做弟子并定下了拜师的日子。

9 谁知就在他要出发的那几天，这一带发生了历史上罕见的低温天气，下起了大雪，北风呼啸，大雪铺天盖地。

10 早晨，宋濂整理好书就要出发，母亲大吃一惊说："这样大的风，这样大的雪，你怎么能出门呀？"宋濂说："今天不动身就赶不上拜师的日子了。"

11“哎呀，你也不想想，那边又不是平川地，还要过深山大谷。你看看，平地的雪都有几尺厚了，那山谷里的雪不知有多深，至少得没过膝盖，再说我们家又没有皮毛衣服，你就穿这么一件旧棉袍，怎能抵御深山严寒啊？”

12“我想过了，也看到这雪了，只是定了拜师的日子，做学生的怎能失信呢？”“唉，这样的天气老师是不会怪你的。”“是的，尽管老师不会责怪，但是也不能因此就失信。”

13 宋濂出发了，顶着猛烈的北风，冒着刺骨的严寒，踏着深山山谷中几尺厚的积雪。

14 他按时赶到了老师那里。看着这个脚上皮肤已经冻裂，四肢僵硬已经动弹不了的学生，老师不知道说什么才好。正是凭着他的守信、坚毅，他才能成为著名的文学家。

编后记

以《中华文圣——孔子》为代表的中华优秀儒学传统文化中的精华“诚”“信”“忠”“孝”“仁”“和”“礼”“义”“恕”“廉”“智”“行”的系列故事共13册大型原创手绘连环画丛书，是我前后历经17年业余时间搜集、阅读、整理、编写的成果。在2019年8月，这套共13册的大型原创手绘连环画丛书，终于由东方出版社出版，完整地呈现在读者面前。我17年的煎熬，虽苦犹乐，甚感欣慰。

出版这套大型原创手绘连环画丛书，是我多年的热切追求和梦想。正所谓“路曼曼其修远兮，吾将上下而求索”！几十年来，在我日常生活或社会交往中，在车站、机场、码头或其他公众场所，常见到“无尊长、无敬畏、无廉耻、无忠孝、无礼让、无诚信”等道德缺乏、行为失范的社会现象，引起了我的深刻思考：难道历经数千年的中华民族优秀传统文化在当今就没有用了吗？然而，纵观世界先进国家的发展历史，我深切地感受到：一个具有优秀素养的民族，乃国家强盛的根基；尤其是在社会不断开放，科技飞速发展，传播手段多样，各种文化现象、思想相互碰撞冲击的今天，弘扬传承中华民族优秀的传统文化，尤显迫切和重要，仍具有重要的现实意义。

编辑出版中华民族人文修养经典故事丛书，愿中华民族优秀传统文化的人文核心价值，在国家发展的历史进程中，重塑“引领风尚、促进和谐”的精神文明，让全社会进一步树立扬善去恶、明辨荣辱的观念，构建“助人为乐、以和为贵”的良好人际关系。让优秀的传统文化如春风、似春雨，滋润更多人心，让千年文明之光照耀中华大地。

“明理须读书，立德先修身。”我苦心孤诣策划出版这套大型原创手绘传统连环画丛书，意在用通俗易懂的方法和以事感人、以理服人的大众传播方式，弘扬传承中华民族的优秀文化。本丛书用许多故事来反复印证主题——“读书百遍，其义自见”，试图对广大青少年和社会大众在加强修养、提升个人素质方面起到潜移默化的作用，以中华民族优秀传统文化的伟大力量，去激发中华儿女昂然崛起的生命冲动，实现中华民族的伟大复兴！

如是，则民族幸甚，国家幸甚，天下幸甚！

由于学识有限，加之该文化工程面宽量大，难免有疏漏错误之处。主观上想扬弃和倡导的东西，客观上未必尽能如愿，希望读者朋友评点是非，明勘谬误，求其正范。

“中华民族人文修养经典故事”丛书

李彗生

2019年5月